LA TERRE EST RONDE

DU MÊME AUTEUR

Autour des trois Amériques (Beauchemin)   Montréal 1948
Autour de l'Afrique (Fides)   Montréal 1950
Aicha l'Africaine, contes (Fides)   Montréal 1950
Aventure autour du monde (Fides)   Montréal 1952
Nouvelle aventure en Afrique (Fides)   Montréal 1953
Coffin était innocent (Editions de l'Homme)   Montréal 1958
Scandale à Bordeaux (Editions de l'Homme)   Montréal 1959
Deux innocents en Chine rouge — en collaboration
avec Pierre Elliott Trudeau (Editions de l'Homme)   Montréal 1960
J'accuse les assassins de Coffin (Editions du Jour)   Montréal 1963
Trois jours en prison (Club du Livre du Québec)   Montréal 1965
Les Ecoeurants, roman (Editions du Jour)   Montréal 1966
Ah ! mes Aieux ! (Editions du Jour)   Montréal 1968
Obscénité et Liberté (Editions du Jour)   Montréal 1970
Blablabla du bout du Monde (Editions du Jour)   Montréal 1971

EN LANGUE ANGLAISE

I accuse the Assassins of Coffin
   (Club du Livre du Québec)   Montréal 1963
The Temple on the River (Harvest House)   Montréal 1967
Two Innocents in Red China — en collaboration avec
Pierre Elliott Trudeau (Oxford University Press)   Toronto 1968
The World is Round — traduit par
   Sheila Fischman (Mc Clelland & Stewart)   Toronto 1976

JACQUES HÉBERT

LA TERRE EST RONDE

Longue, interminable lettre,
où il est question de
la JEUNESSE,
du CANADA,
et du MONDE...

Introduction de Michael Oliver

FIDES
235 est, boul. Dorchester, Montréal

ISBN : 0-7755-0616-8

Numéro de la fiche de catalogue
de la Centrale des Bibliothèques — CB : 76-8743

Pour Isabelle,
qui aime bien les Indiens du Canada et
qui a peut-être fondé Jeunesse Canada Monde
sans le savoir. Mais ça, c'est une autre histoire...

Introduction

C'était il y a six ans. Jacques Hébert était venu me voir à mon bureau, à l'Université McGill, avec un projet qu'il mijotait. Il s'inquiétait de voir le Canada accorder tant d'énergie et de temps à ses problèmes intérieurs et négliger les défis et les problèmes colossaux qui se multiplient dans le monde. Il cherchait une façon d'amener les Canadiens à mieux partager leurs soucis.

Il fallait, me disait-il, commencer avec la jeunesse. La prendre au sortir de l'adolescence. Permettre à de jeunes Canadiens de vivre, de travailler au coude à coude avec d'autres jeunes, venus d'un autre coin du monde. Former des équipes de jeunes gens et de jeunes filles de deux pays pour travailler à des tâches simples mais fondamentales, d'abord au Canada, pendant quelques mois, puis dans le pays d'échange, soit en Afrique, en Asie ou en Amérique latine. Ils en reviendraient transformés, et le Canada en serait d'autant plus riche.

A mesure qu'il me parlait, son projet m'apparut plus clair et plus passionnant. Jeunesse Canada Monde ne serait pas du tourisme, et n'aurait rien à voir avec l'*aide* ou la formation académique. Ce serait un programme d'éducation au développement en même temps qu'une contribution, modeste mais concrète, à celui du Tiers-Monde et du Canada. En vivant, en travaillant ensemble, en partageant des valeurs et des idées, ces jeunes gens deviendraient plus conscients de l'écart qui sépare le Tiers-Monde des pays industrialisés.

Pour être valable, le programme devait s'adresser à des jeunes des deux sexes, tant de langue anglaise que de langue française, de toutes les provinces et de toutes les régions, de toutes les classes sociales, de la ville et de la banlieue, du monde rural et des villages côtiers, de l'école comme de l'usine. Et on demanderait aux pays participants d'adopter les mêmes critères de sélection.

Jacques Hébert n'est pas un homme à se contenter d'agiter des idées : il s'engage, il se met au blanc. Il communiqua son enthousiasme à des connaissances de tout le Canada et les embrigada : ce fut le Bureau de Direction. On recruta ensuite une équipe, puis enfin les jeunes participants à un premier projet pilote. Jeunesse Canada Monde est le fruit du travail de centaines de personnes ; mais depuis le tout début, et tout au long des cinq dernières années, il a fallu pour faire de ce rêve une réalité, l'incroyable énergie et l'optimisme irrésistible de Jacques Hébert.

Ce livre est celui de Jacques Hébert. Mais il serait profondément déçu qu'on ne le considère pas aussi comme le livre de Jeunesse Canada Monde. Car ce livre est l'histoire de toute l'entreprise : il en dit le sérieux et l'exaltation, le travail et les bons moments, les déceptions et le sentiment du devoir accompli. Et surtout, il raconte le plaisir de la découverte, découverte de soi autant que de terres nouvelles, de cultures différentes et de problèmes immenses.

On a dit de notre société qu'elle est une société d'apprentissage. Rendons-nous compte qu'il faut offrir aux jeunes gens des modes d'éducation différents, plus ouverts, que ceux de l'école. Jeunesse Canada Monde leur propose une expérience fondamentale, une formation que la société devrait non seulement reconnaître officiellement mais offrir à tous ses enfants. Aux jeunes du Tiers-Monde qui viennent passer ici quatre mois avec nous, le programme permet de dissiper les mythes de la vie nord américaine, et de leur substituer une connaissance réelle, et souvent critique, de nos modes de production et de consommation. Aux jeunes Canadiens, il offre la chance non seulement de voir à quoi ressemble le monde, vu de l'Afrique, de l'Asie ou de l'Amérique latine, mais aussi de mieux apprécier, là encore avec un œil critique, la réalité canadienne.

Jeunesse Canada Monde est une organisation passionnante. Il fallait un livre passionnant pour la décrire. Jacques Hébert nous l'offre.

Michael Oliver
Président
Université Carleton
Ottawa

Avant de partir

Je vais vous raconter une très belle histoire... Une histoire d'amour, vraiment. Déjà vécue par 2,200 jeunes du Canada et d'une douzaine de pays du Tiers-Monde. Il serait quand même temps qu'on en parle un peu !

Je n'ai pas du tout envie de commencer par le commencement. Il était une fois... La date de la fondation et tout et tout... La date de la fondation de Jeunesse Canada Monde, je ne sais même pas ! Faudrait chercher. On s'en fout ! L'important c'est de dire ce qui s'y passe aujourd'hui. Décrire l'instant présent. Sans bousculer le monde. Sans ennuyer les populations. Pas facile !

Cent fois, à la télévision, j'ai essayé de résumer toute l'histoire dans les quatre minutes qu'on vous accorde si vous êtes bien gentil. Un pari impossible ! En moins d'une demi-heure, c'est pas la peine. Bavard comme je suis, il me faudrait des heures et des heures...

« Nous avons quatre minutes ! » dit l'interviewer suave, comme s'il me faisait un cadeau royal... Quatre minutes ! Chaque fois, j'en bafouille de rage ! Je dis n'importe quoi, le plus vite possible ! Sûr que personne ne comprendra rien, de toute façon ! Ça ressemble à ceci : « Oui... Ah ! Jeunesse Canada Monde... Heu... Une organisation sans but lucratif... (Détail stupide ! Deux secondes de bouffées !) Des échanges de jeunes de divers pays ? Heu... Oui... Enfin... Non ! Pas tout à fait... Des jeunes de 17 à 20 ans de tout le Canada vivent et travaillent avec des jeunes d'un pays du Tiers-Monde, ensemble, quatre mois au Canada et quatre mois dans l'autre pays... (Ouf! J'ai au moins passé ça! Un peu vague, mais ça se précise... Vite! Reste trois minutes et trente-deux secondes!) Des pays d'Afrique, d'Asie, d'Amérique latine... (Au fait! Au fait!) Les jeunes vivent en petits groupes... Sept ou huit Canadiens et sept ou huit de l'autre pays, disons la Côte d'Ivoire... (C'est ça! Avec un exemple, on comprend mieux!) Sept ou huit jeunes Canadiens et sept ou huit Ivoiriens vivront ensemble une expérience extraordinaire pendant huit mois... (Aïe! Je me répète! C'est pas le moment!) Une véritable immersion socio-culturelle... (Ça fait prétentieux, mais ça aide auprès des intellectuels!) Une sorte d'école nouvelle... (Les gens se diront que ça peut pas être pire que l'autre!) Comment on choisit les jeunes Canadiens? Ah! Excellente question! Pour y répondre convenablement, il me faudrait au moins quinze minutes... (D'habitude, l'interviewer n'insiste pas!) Mais c'est très démocratique... Bon! Après huit mois, ces jeunes ne sont plus les mêmes... Vraiment méconnaissables! Plus ouverts... Plus humains... Sensibilisés en profondeur aux problèmes du développement international... Ils veulent changer le monde! »

Quand je suis chanceux, ça finit comme ça, pile, à la dernière seconde. Moins chanceux : « Il reste encore dix secondes... Pourriez-vous nous dire combien ça coûte, tous ces voyages, au gouvernement canadien? »

Vous voyez! Quatre minutes, c'est un désastre! J'ai donc décidé, enfin, de raconter Jeunesse Canada Monde. En prenant tout le temps voulu. Pas de précipitation! Se détendre... Raconter en douceur...

Le 13 février 1975, j'ai pris une feuille blanche sur laquelle, après mûre réflexion, j'ai écrit : « Cher Jean »... Cet effort accompli, je me suis reposé pendant un mois! Jean, c'est un jeune Canadien, participant au programme de Jeunesse Canada Monde. Le 13 février, il se trouvait dans un de nos douze pays, peu importe lequel. Ils sont tous merveilleux! « Cher

Jean...» Je lui écrirais une longue interminable lettre, vrai journal fou, où je raconterais Jeunesse Canada Monde au jour le jour, mes petites corvées de président, les rencontres, les voyages, les déceptions, les joies, la vie, quoi ! Les bons bouts, les mauvais, sans trop insister sur les mauvais... J'ai plutôt le genre optimiste !

En 1975—76, JEUNESSE CANADA MONDE a eu des programmes d'échange avec les douze pays suivants:

la Colombie,
la Gambie,
l'Indonésie,
le Sénégal,

la Côte d'Ivoire,
la Guatémala,
la Malaisie,
le Sri Lanka,

El Salvador,
Haïti,
les Philippines,
la Tunisie.

● Bureaux régionaux de Jeunesse Canada Monde au Canada.

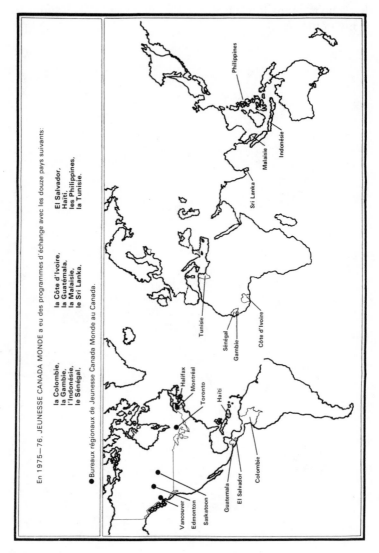

16

1

Ça fera un joyeux mélange !

Montréal, le 13 février 1975

Cher Jean,

Salut ! Ça va comment dans ton Indonésie ensoleillée ? dans ton Sénégal doré ? Quand même, tu dois te sentir plutôt loin de Red Deer, Alberta, et de Rimouski, Québec ! Ici, on gèle à mort, si ça peut t'amuser de le savoir... Autour de zéro degré Fahrenheit. En Celsius, ce serait encore plus effrayant ! Hier soir, à Toronto, les *Canadiens* et les *Maple Leafs* ont fait match nul : 2 à 2. Par la fenêtre de mon bureau, à la Maison Jeunesse Canada Monde, je vois couler le Saint-Laurent. Il charrie des tonnes de glace qui, sois tranquille, n'atteindront jamais vos doux villages empanachés de cocotiers...

Ici, à la Maison, on ne vous oublie pas une minute. Mais on commence, tranquillement, à penser à l'an IV.[1] Déjà les écoles, high schools, universités, syndicats, centres de main d'œuvre ont reçu notre petite propagande. Une affiche aux couleurs d'espérance, avec deux mains qui se serrent. On n'a pas inventé ça ! Symbole plutôt rétro ! Usé à la corde ! Allez ! on se serre la main ! Plus de problème ! Peace-and-love ! Oui,

---

1. Autant s'habituer tout de suite à notre jargon. L'an IV, c'est le programme 1975-1976. Forcément, l'an III, c'est 1974-1975, l'an II, 1973-1974, l'an I, 1972-1973. Il y a même eu un an zéro : études, recherches, discussions, projets pilotes... C'était moins drôle !

17

un sacré foutu symbole... Mais si on essayait, encore une fois, de lui donner un sens?

Les affiches n'avaient pas encore recouvert tous les murs du pays, de Victoria à Saint-Jean, Terre-Neuve, que des centaines de jeunes posaient leur candidature pour le programme de l'an IV. C'est vous tous, les Jean et les autres, qui en aurez parlé aux copains. Et d'un copain à l'autre... Bref, les candidats s'empileront jusqu'en mai. Une avalanche, un déluge, une catastrophe quand on sait qu'il y aura place pour 794 jeunes en tout et partout : participants, agents de groupe, coordonnateurs, personnel de soutien. Et la moitié seulement seront Canadiens, les autres venant des quatre coins du monde. Combien de milliers de jeunes avons-nous dû refuser depuis l'an I ! Et encore cette année ! Et l'an prochain ! Quelle misère ! Pour dire oui plus souvent, il faudrait trouver d'autres millions mignons. Pas facile ! On verra ! Tu seras peut-être député un jour, cher Jean ! On verra...

A propos de millions... Il y a toujours quelqu'un quelque part, sympathique et tout, qui finit par s'écrier : « C'est excellent, votre Jeunesse Canada Monde... Mais ça coûte plutôt cher ! » Quoi ? Vous dites ? Pardon ? Alors, faut expliquer, chiffres en main, avec belle patience, que les quelques 794 jeunes qui vivent Jeunesse Canada Monde pendant toute une année académique, plus ou moins du mois d'août au mois de mai, coûtent, chacun, oui, la tête de pipe, à l'Etat canadien, $3,715. Ce n'est pas rien... D'accord ! C'est à peu près ce que ça coûte pour maintenir un jeune Canadien de 18 ans dans le système scolaire, pendant le même temps. A l'école Sainte-Hélène de Pierrefonds, pour réhabiliter une adolescente perturbée, le gouvernement doit débourser $11,000 par année.[2] Et le jeune qui va faire gauche-droite-gauche au Collège militaire de Kingston coûtera le double de cette somme aux payeurs de taxes. A $3,715, Jeunesse Canada Monde c'est l'aubaine du siècle ! Et on commence à le reconnaître en haut lieu... Tout dernièrement, Lewis Perinbam, vice-président de l'ACDI, dé-

---

2. *La Presse*, Montréal. 24 avril 1974.

18

clarait dans une conférence sur les problèmes du développement international : « Des organismes comme SUCO et Jeunesse Canada Monde sont vitaux pour le Canada. Ils permettent à la nouvelle génération d'acquérir une expérience et de se faire des relations qui donnent une dimension nouvelle à leur vie. Il n'y a souvent aucune commune mesure entre la valeur de ces expériences et leur coût. Il s'agit d'une formation qu'il est impossible d'acquérir autrement et qui est essentielle au développement d'une nation — surtout d'une nation aussi jeune que la nôtre.

« Cette génération montante, forte d'une expérience que la précédente n'a pas eue — sauf peut-être en temps de guerre — pourra jeter les fondations d'une nouvelle société et d'un ordre social nouveau dans notre pays, une société capable de repenser ses désirs, ses besoins même et de tenir compte de ceux de nos frères d'autres parties du monde. Il est illusoire d'espérer préserver des « ghettos d'abondance » comme le Canada dans un monde dont la plupart des habitants vivent dans la pauvreté et la misère la plus atroce. »[3]

Oui, disons-le carrément. Jeunesse Canada Monde c'est l'école de demain ! La jolie nouveauté, c'est que de plus en plus d'éducateurs commencent à y croire. Même dans les ministères ! Au cours des derniers mois, j'ai rencontré cinq ministres de l'éducation dans cinq provinces importantes. Sacré pays compliqué ! Eh bien ! oui, ils étaient d'accord ! Souvent même enthousiastes. Des ministres enthousiastes, ça se trouve ! Oui, m'ont-ils dit chacun dans leur langue, oui le programme de Jeunesse Canada Monde mérite d'être reconnu au plan académique ! Oui, nous sommes disposés à accorder des crédits importants aux participants de notre province ! Je m'attendais à une bataille épouvantable... Des mois de blablabla... Des années de lobbying pénible... User ma petite santé... Crever pour quelques misérables crédits... La charité pour l'amour de Dieu ! Plutôt corrects, nos ministres de l'éducation. Assoyez-

3. Lewis Perinbam, *Times of Hope*, conférence prononcée à l'assemblée annuelle de CANSAVE, Montréal, 14 mai 1976.

vous, cher monsieur, disaient-ils, aimables. Oui, Jeunesse Canada Monde c'est l'école de demain . . . Un verre de sherry ? Des crédits ? Mais c'est la moindre des choses, cher ami ! Suffit de discuter les détails avec nos gentils fonctionnaires. Ça s'arrangera bien. Encore un peu de sherry ? Il y en a même, des ministres, qui sont venus des deux bouts du pays le 13 décembre dernier, à l'inauguration de la Maison de Jeunesse Canada Monde.[4] A Montréal ! Chapeau ! C'est vrai qu'ils se sont bien amusés. Le vin du Maire de Montréal se compare avantageusement au sherry de ces messieurs . . . Mais tout de même ! Venir de Vancouver ! D'Halifax ! La meilleure ? Un des ministres que j'avais vu en novembre vient de m'écrire à peu près ceci, en mieux écrit : « Mais qu'est-ce que vous attendez pour venir mettre au point votre histoire de crédits ? Je suis prêt. Venez au plus tôt, car vous savez qu'on aura des élections bientôt . . . » Faudrait surtout pas qu'il soit battu celui-là !

Je cause, je cause, je perds le fil de mon histoire. Où en étions-nous ? Ah ! oui, la sélection des participants de l'an IV qui commence. L'an dernier, pour la sélection, on a été bousculé affreux ! Notre subvention était bloquée, quelque part, à Ottawa. Des mois d'angoisse . . . On a cru un instant que c'était la fin de Jeunesse Canada Monde. J'ai vieilli de dix ans d'un coup. Pour un gars de mon âge, c'est plutôt raide ! On s'est débattu comme des diables ! Puis, le miracle s'est produit. Jusqu'à ce jour, on a eu droit à un miracle par année ! Ça détraque un peu le système nerveux. Le pire, c'est qu'on s'est retrouvé avec trois mois de retard. La sélection des participants, des agents de groupe, des coordonnateurs n'était pas commencée. En mai ! Quelle horreur ! Pas un seul protocole de signé avec nos douze pays d'échange ! Dans la maison, plusieurs disaient : « C'est foutu ! Sautons l'an III ! » Une idée défendable. Mais très dangereuse pour l'avenir . . . « C'est de la folie ! » Finalement, les fous ont gagné : on ferait en quelques semaines ce qui, sans fou, aurait dû prendre trois mois ! D'abord, se di-

---

4. Tous les détails pittoresques au chapitre suivant. Prière de finir d'abord celui-ci . . .

viser le monde en quatre : Pierre Bourdon irait négocier en Amérique latine, Ian Elliott en Asie, Louis Samson en Afrique Noire et moi en Afrique du Nord. Pendant ce temps-là, l'équipe de sélection travaillerait presque jour et nuit, dans les dix provinces. Et l'an III a eu lieu ! Non sans petits problèmes et quelques sérieuses erreurs de tir, mais les participants ont survécu. Faudra plus jamais recommencer un marathon pareil ! Bon. C'est le passé. N'en parlons plus ! Mai, c'était il y a trois ou quatre siècles... Aujourd'hui, bel aujourd'hui, c'est ça qui compte !

Où en étions-nous ? La sélection de l'an IV ! Oui, elle est commencée... À temps, pour une fois ! Alors donc, il y a des affiches partout. Nos dépliants verts s'envolent aux quatre coins du pays, jolis papillons d'espoir. Nos cinq bureaux régionaux (Vancouver, Edmonton, Toronto, Montréal, Moncton) s'agitent éperdument. Le baratin sur Jeunesse Canada Monde devient pur déluge : radio, télévision, journaux, conférences dans les high schools, écoles, syndicats, etc... On n'épargne personne ! A la mi-mai, il y aura un nombre suffisant de candidats. C'est alors que le sérieux travail commence. Faut expliquer ça en détail... C'est trop beau ! Sans blague ! Ah ! il y a encore des choses qui clochent à Jeunesse Canada Monde. On apprend le métier tous ensemble. On fait des erreurs. On essaie de s'améliorer d'une année à l'autre. Mais la sélection, c'est bien ! On est plutôt fier de la sélection ! Un haut fonctionnaire du Secrétariat d'Etat nous avait dit un jour : « Jamais, dans ce pays, un organisme national quelconque n'avait encore imaginé un processus de sélection à la fois aussi raffiné et aussi démocratique... » Oh ! On n'y peut rien, c'est la pure vérité ! Faut voir ça de près ! Faut se taper la petite explication ! Un peu sec, mais ça vaut la peine... Allons-y !

Mettons que, cette année, il faille choisir 350 participants canadiens parmi quelques milliers de candidats. On établit d'abord une jolie grille qui tient compte de six critères de sélection. On ne mesquine pas sur les critères ! Après avoir épluché les questionnaires remis par les candidats, on retient trois fois plus de candidats que nécessaire, soit 1050. Dans les catégories trop encombrées, il faudra hélas ! procéder par tirage au sort. C'est la seule manœuvre empirique de tout le système !

Le premier critère : bien sûr le respect intégral des réalités démographiques dans chaque province. Si la Nouvelle-Ecosse représente 3.7% de la population du pays, 3.7% des participants viendront de cette province.

Puis, les réalités linguistiques. Si 12% des Ontariens sont francophones, 12% de nos participants de l'Ontario seront des francophones. On tient également compte des Inuits, des Indiens, des Néo-Canadiens ...

Il y a à peu près le même nombre de filles et de garçons au Canada. Alors, on ne se cassera pas la tête et on choisira 175 filles et 175 garçons.

Jeunesse Canada Monde n'est pas destiné aux seuls étudiants, mais à tous les jeunes de 17 à 20 ans. Alors, si 35% des jeunes Manitobains de cet âge sont déjà sur le marché du travail, 35% de nos participants manitobains seront des jeunes travailleurs. (J'ai dit au départ que ça serait un peu sec ... Mais intéressant !)

On tient compte, également, dans chaque province, de la proportion de jeunes ruraux et de jeunes citadins. Enfin, et c'est peut-être là le critère le plus original, on tient compte du revenu de la famille des participants. Ce fut décidé le premier jour : Jeunesse Canada Monde ne serait pas encore un autre programme pour les seuls bourgeois ... Il en faut des fils de riche : on en aura. Mais si 45% des familles de l'Alberta gagnent moins de $10,000 par an (ça m'étonnerait !), 45% des participants de cette province seront recrutés dans ce groupe social.

Ainsi donc, on retiendra 1050 candidats pour n'en accepter finalement que 350. Cette dernière étape de la sélection, la plus importante, est confiée à des petits comités composés d'un responsable de notre service de sélection, d'un psychologue indépendant et d'un ancien coordonnateur ou d'un ancien agent de groupe qui a vécu le programme sur le terrain. Ces comités siégeront pendant 85 jours dans une vingtaine de villes du pays.

On invitera les candidats à une journée de sélection dans la ville la plus proche de chez eux où ils subiront des tests psychométriques, des tests de groupe, des interviews avec le comité qui, en dernière analyse, choisira un candidat sur trois : le plus équilibré, le plus intéressé, le plus motivé...

Une fois choisis, les 350 participants devront indiquer sinon le pays du moins le continent qu'ils préfèrent[5]. Ah ! ils ont l'embarras du choix, nos participants ! Si c'était permis, ils choisiraient hardiment les douze pays du programme : Guatemala, El Salvador, Haïti et Colombie en Amérique latine ; Tunisie, Gambie, Sénégal et Côte d'Ivoire en Afrique ; Sri-Lanka, Malaysia, Indonésie et Philippines en Asie... Quel extraordinaire tour du monde ! Mais à Jeunesse Canada Monde, on ne croit guère aux voyages en surface, impressionnants surtout à cause de la distance parcourue et du nombre de visas dans le passeport. Ce qui compte, c'est de voyager en profondeur, de plonger creux dans une culture aux antipodes de la nôtre, de s'intégrer vraiment dans un ou deux villages... De communiquer, de comprendre, d'apprendre à aimer...

Curieusement, les participants finissent par se distribuer à peu près également entre chacun des douze pays du programme. Dans 80% des cas, on respecte leur premier choix.

Début septembre, les 350 participants canadiens se répartissent, par équipes de 25 à 35, dans les douze camps de formation. Il y en a un par pays. L'équipe se subdivise en petits groupes de 7 à 9, coiffés d'un animateur âgé de 22 à 26 ans appelé agent de groupe dans le jargon de la maison. Le responsable de toute l'équipe, plus âgé et plus expérimenté, s'appelle le coordonnateur. Dès le début des camps de formation, un nombre égal de jeunes des douze pays d'échange viennent se joindre aux équipes canadiennes. Dans un groupe de 7 Canadiens

---

5. Pour l'an V, on ajoute un raffinement à la sélection : non seulement le candidat devra-t-il marquer sa préférence pour, disons, le Sénégal, mais il aura à manifester un intérêt certain pour le type de travail dans lequel s'engagera l'équipe du Sénégal. Par exemple l'an passé, elle a travaillé dans les domaines suivants : cliniques médicales, pêcherie, agriculture, clubs pour les jeunes.

viendra donc se fondre un groupe de 7 jeunes de *leur* pays d'Afrique ou d'Asie ou d'Amérique latine. (Ah ! que c'est compliqué ! Je m'en sortirai jamais !) Bon. Voilà donc formée l'unité de base, le groupe qui vivra les huit mois du programme : quatre mois de travail au Canada et ensuite quatre mois de travail dans l'autre pays.

Dans ce petit groupe d'une quinzaine de participants, il peut arriver que soient représentés, par exemple, quatre états de la Malaysia, trois ethnies de ce pays : des Malais, des Chinois et des Indiens tamils, sans parler des anglophones et des francophones de six ou sept provinces canadiennes : une petite Acadienne de Cap-Pelé, Nouveau-Brunswick, la fille d'un banquier de Toronto, un gars de Saint-Henri, Québec, la fille d'un pasteur anglican de Terre-Neuve, un fort en maths de l'Université Fraser (d'origine japonaise), un jeune pêcheur métis du Cap-Breton et un *drop out* des Territoires du Nord-Ouest...

Et ce petit monde bigarré vivra ensemble pendant huit mois ? Mais ça doit être la jolie catastrophe ! Au bout de deux jours, on doit bien se crêper le chignon, s'arracher les yeux ! Bien sûr, il y a quelques petits « chocs culturels »... Des malentendus, des gaffes, des manques de sensibilité... Ça s'arrange très vite. En dépit de toutes les différences, cette quinzaine de jeunes finissent par former un groupe uni, presque une famille. Il y aurait là quelques petites leçons à tirer pour les hommes politiques et les diplomates du monde...

Question langue, ça accroche toujours un peu, au début. Ah ! je n'oublierai jamais le fragile Doug Pulleyblank (Cameroun, an I), petit malin d'Ottawa, le seul parfait bilingue de son groupe. (Il veut devenir sous-ministre, ou quoi ?) Pendant les meetings du camp de formation, — ce qu'ils en font des meetings les gens de cette génération ! Pour un oui, pour un non... Pour décider qui fera la vaisselle ou comment régler les problèmes du Tiers-Monde — pendant les meetings, donc, Doug s'installait au beau milieu du groupe et tricotait des écharpes pendant des heures, traduisant la discussion en français, en anglais, phrase par phrase, une maille à l'endroit, une maille à l'envers... Dieu merci, la mode était aux longues écharpes cette année-là ! Il s'est fatigué du système, Doug. Il faut pas tant de laine pour aller au Cameroun... Tout le monde s'est fatigué. Ça prolongeait les meetings à n'en plus finir. Ça retardait la vaisselle, le Tiers-Monde... Alors, il a donné des cours d'anglais, Doug, tandis que des Québécoises mignonnes s'improvisaient professeurs de français. Un mois plus tard, chacun gueulait dans sa langue ou dans la langue de l'autre. Tout le monde faisait semblant de comprendre... jusqu'au jour où on n'eut plus besoin de faire semblant !

Depuis ces temps héroïques, on a fait des progrès à Jeunesse Canada Monde. L'apprentissage des langues est devenu une priorité. On utilise, au niveau de chaque groupe, les techniques les plus modernes. Les participants se mettent à la tâche dès le premier jour. J'ai vu, j'ai entendu des jeunes anglophones (vous savez, ces malheureux qui, paraît-il, n'ont pas de talent pour les langues) non seulement tout à fait bilingues, mais capables d'improviser un petit discours en malais dans un *kampong*[6] près de Penang devant tous les notables rassemblés. Une Torontoise donnant des interviews à la télévision de Kuala-Lumpur... Une Québécoise faisant son marché à Kerouan et parlant un si bon arabe que les marchands de dattes la prenaient pour une Tunisienne « du Nord »... Le *drop out* des Territoires du Nord-Ouest bavardant en diola avec les vieux de la Casamance, des soirées entières... Un Beauceron parlant l'espagnol sans l'accent de la Beauce... Faut que je m'arrête, Berlitz va nous poursuivre pour cause de concurrence déloyale !

6. Petit village malais.

25

2

Jeunesse Canada Monde s'installe...

20 février

On commence à vraiment bien s'installer dans notre incroyable Labyrinthe. La première fois que j'ai mis les pieds dans cet édifice, il y a à peine six mois, on pouvait pas y rester plus de quinze minutes. La puanteur qui flottait partout nous sautait à la gorge ! Les tapis pourris... Les murs en charpie... Le toit crevé... Les tuyaux fendus... Même les rats avaient évacué les lieux ! Depuis la gloire d'Expo '67, ce beau pavillon de Cité du Havre — construit pour des siècles, formidable blockhaus, imprenable château-fort, dix milles tonnes d'acier et de béton, — se désagrégeait doucement par l'intérieur, abandonné depuis sept ans, avec une princesse endormie, sûrement, quelque part dans les dédales...

Ça vaut la peine d'être raconté. Comment Jeunesse Canada Monde a abouti là, dans le plus joli coin de Montréal, au milieu du fleuve. Des péripéties folichonnes, de belles embardées, quelques miraculeux rebondissements...

Ah ! faut dire qu'on s'ennuyait ferme dans nos minables bureaux de la rue Dorchester, empilés les uns sur les autres, au-dessus d'une taverne, sans même un coin pour accueillir les participants de passage. Devaient loger dans des hôtels borgnes, les pauvres, rapport au budget ! On cherchait pas de luxe ni rien : on rêvait d'une grande maison, moitié bureau, moitié auberge, avec des salles pour les meetings, les blablabla...

Le matin, le soir, traversant le Saint-Laurent par le pont Jacques-Cartier, j'entrevoyais les pavillons d'Expo '67, la moitié seulement encore utilisés par Terre des Hommes, les autres vides, désespérés, attendant quelque chevalier de Belle au bois dormant... Un jour, je prends mon courage à deux mains, je fonce chez le maire Drapeau, je lui raconte Jeunesse Canada Monde des origines jusqu'à nos jours. Ça l'intéresse. Je le sens tout de suite. Il veut bien nous aider. On se penche sur la carte des îles de l'Expo, « ses » îles, je pose le doigt sur quelque pavillon de rêve aperçu du pont. Non, pas celui-là... Retenu par l'U.R.S.S.... L'autre, c'est l'Espagne... Ici, la Chine... Bref, sur toute l'île Sainte-Hélène, il n'y en avait plus de pavillons mignons ! Restaient ceux de l'île Notre-Dame... Il n'était pas contre, le maire Drapeau. On a même parlé de l'ancien pavillon de la France, ce beau blanc vaisseau. Mais l'île Notre-Dame est bien peu accessible et souvent enterrée sous la neige l'hiver... On voudrait pleurer ! Tout à coup, le maire met un doigt énergique sur la carte, en plein milieu de la Cité du Havre : « Mais c'est là que vous devez aller ! s'écrit-il. Le Labyrinthe ! A côté d'Habitat, du Musée des Arts contemporains, au centre d'un parc splendide, à deux pas du Centre-ville ! » Un seul petit problème : ça n'appartient pas à la ville de Montréal, mais au gouvernement fédéral qui en a confié l'administration à la Société centrale d'hypothèque et de logement. Je devine qu'il nous reste encore quelques portes à ouvrir... Merci quand même, monsieur le Maire, de la bonne heureuse idée !

Les machines énormes, comme la Société centrale, qui brassent de l'argent par centaine de millions, ça fait peur. Là-dedans, à longueur de journée, on doit parler ciment, briques, bardeaux, hypothèques, intérêts... Pas rigolo ! Je me voyais déjà aux prises avec de vieux comptables rabougris, des ingénieurs en béton précontraint, des fonctionnaires absolument abrutis par tous leurs calculs ! J'ai eu l'étonnement de ma vie. Au cours des démarches, — il en a fallu quelques-unes, tout de même ! — j'ai dû rencontrer au moins la moitié du personnel, depuis le président, Bill Teron, le grand bâtisseur, jusqu'au concierge de la Cité du Havre, des hommes jeunes, dynamiques, sensibles à ce qui se passe sur la terre. Se sont tous intéressés à Jeunesse Canada Monde. Dès la première rencontre. Voulaient vraiment aplanir les difficultés à mesure, trouver des solutions... (Je sauterai les détails. Il y aurait des longueurs !) Finalement, on décide de nous louer le Labyrinthe pour $1 par année. Compte tenu de l'inflation, c'était franchement pas mal ! On nous aiderait même à remettre en état cet édifice abandonné, auquel on n'avait encore jamais pu trouver une fonction nouvelle. Quelques grands-prêtres de notre société de super-consommation voulaient même le démolir ! On a hésité : ça aurait coûté un demi million de dollars ! Et pour construire aujourd'hui un pareil édifice, il en coûterait peut-être dix millions ! Allez essayer d'expliquer des trucs pareils à des pauvres...

Septembre était tout près. Le bail de la rue Dorchester devenait échu dans un mois, peut-être six semaines en cajolant le propriétaire... Pas une minute à perdre ! En vérité, personne ne croyait qu'on pourrait emménager dans ce « taudis » avant l'année prochaine. Même l'architecte, cher Roy Lemoyne, plutôt optimiste quand même, parlait de trois, quatre mois. Les ingénieurs étaient plus déprimants encore. La grâce des ignorants, c'est qu'ils ne doutent de rien, ils foncent contre tout bon sens, nient l'évidence, refusent de croire les experts... et parfois finissent par avoir raison !

Pierre Dionne[1] terriblement occupé au bureau avec le programme de l'an III qui commence, je m'improvise donc entrepreneur-général. (« Bonne santé, bilingue, mais sans expérience »...) De toute ma vie je n'avais rencontré autant de plombiers, d'électriciens, de menuisiers, de couvreurs, de maçons, de plâtriers, de poseurs de tuiles, de spécialistes en chauffage, en aération, en ascenseur, en tout ! Je peux bien l'avouer aujourd'hui : jamais le pari des six semaines n'aurait été possible

---

1. Pierre Dionne est le directeur général de Jeunesse Canada Monde. L'été dernier, il remplaçait Pierre Bourdon qui avait occupé cette terrible exigeante fonction pendant deux ans.

si ne nous était tombé du ciel un gars extraordinaire. Il aurait pu démolir le Labyrinthe et le rebâtir tout seul, ou presque, Maurice Vézina ! Sans lui, on était foutu ![2]

De temps en temps, à l'heure du lunch, des dactylos venaient de la rue Dorchester, fureter dans le chantier. Elles retournaient au bureau absolument déprimées : « Ils sont fous ! Jamais on pourra déménager le 15 ! C'est encore un fouillis incroyable, là-bas ! » Maurice Vézina et moi, nous nous sommes bien vengés le matin du déménagement : il y avait une rose sur le bureau de chacune des secrétaires...

Bah ! il restait encore des milliers de petites choses à faire, mais on avait atteint les objectifs principaux de la phase I des travaux : loger convenablement le personnel du bureau, aménager deux petits dortoirs temporaires, une cafétéria, quelques salles de rencontre. Pour la phase II, faudra bien revoir nos amis de la Société centrale d'hypothèque et de logement. Discuter gentiment d'emprunt à long terme, expliquer les travaux essentiels pour que cet éléphant gris soit rentable et devienne un Centre international d'accueil pour la jeunesse, absolument unique au Canada, avec des dortoirs de 150 lits, une cafétéria, une piscine, un cinéma, un centre de documentation et un musée sur le Tiers-Monde, une douzaine de salles de réunion de toutes dimensions... Jeunesse Canada Monde n'utilisant tous les services que quelques mois par année, la Maison les offrira aux autres organisations de jeunes, particulièrement à celles qui s'impliquent dans le développement international. Encore un rêve ! Faut rêver tout le temps ! Pas une minute à perdre ![3]

Pour l'instant, au moins compléter la phase I. Faudrait trois, quatre mois, minimum. Les rapports des experts sont accablants. Alors, pour hâter un peu les choses, on s'est dit que le mieux serait de se fixer un objectif absolument fou. Comme par exemple organiser une inauguration officielle de la Maison

---

2. Il est aujourd'hui directeur général de la Maison Jeunesse Canada Monde.

3. Au moment de la parution de cet ouvrage, le rêve était devenu réalité depuis plusieurs mois.

le 13 décembre... Dans *deux* mois ! Une affaire énorme ! Des tas d'invités ! Déranger tous les gens importants du pays ! Du premier ministre en descendant ! Veux, veux pas, faudra bien être prêt, le 13 décembre !

Ce qu'on en a discuté, entre nous, de cette inauguration ! Il y avait des risques. On dirait qu'on gaspille l'argent du peuple, qu'on se prend pour la General Motors tout en parlant du Tiers-Monde à qui mieux mieux. Il y avait des risques... Oui. D'accord. Par contre, ce qu'il en faut de la publicité pour faire comprendre un truc aussi compliqué que Jeunesse Canada Monde au plus grand nombre de gens possible, dans un pays aussi terriblement disproportionné ! Ce qu'il en faut pour aller chercher des fonds dans le public, dans les grandes entreprises privées... Et ça, c'est absolument nécessaire. Notre subvention de l'ACDI, la contribution des pays d'échange, c'est bien joli, mais ce n'est pas assez, ce ne sera jamais assez. D'ailleurs, avec juste raison, l'ACDI ne finance jamais à cent pour cent un organisme non gouvernemental. Donc, il nous en faut de la publicité. Donc, on inaugure ! Pas de mollesse ! On fera un tapage énorme ! On nous entendra jusqu'à Vancouver ! Jusqu'à Terre-Neuve ! Pas de demi-mesure ! Allons-y ! On verra ce qu'on verra ! Ah ! ils en parleront longtemps de l'inauguration de la Maison Jeunesse Canada Monde !

Seulement, on n'avait pas de budget pour ça. Pas un rond ! Pas une tôle ! Avec un Conseil du trésor aux abois, fallait pas faire de gaffes. Je suis donc devenu, encore une fois, mendiant, infatigable quémandeur, convaincu parasite. J'ai fait du porte à porte dans les administrations, j'ai expliqué, prié, plaidé, persuadé... et perdu tout amour-propre dans le processus ! D'abord rappliquer en vitesse chez le maire Drapeau. Plutôt content de nous voir à la Cité du Havre, il accepte de payer la réception, le vin, les petits plats africains, orientaux, sud-américains, tout pour cinq cents invités. Il nous prête des réverbères, des mats, des réfrigérateurs pour la cafétéria, mille trésors, débris d'Expo '67, toutes les plantes du Jardin botanique, il y en aura partout, le Labyrinthe sera pure forêt tropicale, des palmiers de vingt-cinq pieds de hauteur, des rhododendrons, des azalées, des fougères, des géraniums, des cactus, des bégonias tubéreux... assez pour chasser de l'édifice toutes les odeurs de pourriture qui flottaient encore dans des coins perdus. Le ministère des Approvisionnements et services nous prêtera les drapeaux de nos douze pays, de nos dix provinces. Ça claquera fier dans le ciel de décembre ! L'Office National du Film nous passera des projecteurs, des films, une admirable exposition de photographies sur le Canada l'hiver, même le cerveau électronique qui fera revivre la féérie de la galerie des glaces et vibrer les centaines de haut-parleurs qui sont toujours là, dans les murs de ce pavillon, un des plus fameux d'Expo '67, le pavillon de l'Office National du Film, justement, extraordinaire réussite dont Jeunesse Canada Monde aura sauvé quelques miettes, pour la joie de nos invités du 13 décembre, pour celle surtout des milliers de jeunes des quatre coins du pays, des quatre coins du monde qui viendront dans cette maison chaque année. Pour la danse, pour les chansons, pour la musique, on n'a rien à emprunter : on est riche à mort ! Ce sera la contribution de Jeunesse Canada Monde. On invitera une délégation de chacune des équipes de nos douze pays, actuellement dispersées à travers le Canada. En costume national, avec guitares, cymbales, tams-tams, gongs, flûtes et tout ! Nos participants investiront le Labyrinthe, le Mexique dans la piscine, le Costa Rica chez les secrétaires, les Iles Fidji au troisième à côté de l'ascenseur, le Senégal dans la salle de conférence, la Tunisie au quatrième, la Côte d'Ivoire dans le grand couloir, il y en aura partout, partout, les murs de notre forteresse de béton vont en trembler, ça fera des remous, de la houle, des raz de marée jusqu'à la baie d'Hudson !

On avait invité beaucoup de monde, on en a oublié des tas, même des amis... Heureusement ! On serait tous morts étouffés tellement il en est venu, de partout, qu'on attendait à peine ! Tout était prévu pour cinq cents. C'était déjà pas mal si on considère la qualité. Par exemple, on avait invité un ministre de chacun des dix gouvernements provinciaux. On se moquait de nous. C'est pas sérieux ! Viendront sûrement pas ! Après tout, Jeunesse Canada Monde, ils ne savent même pas exactement ce que c'est, les ministres ! La folie des grandeurs, quoi ! Les chefs de cabinet enverront petites lettres gentilles, regrets terribles, engagements antérieurs, réunion du cabinet ce jour-là, bonne chance quand même ! Eh bien ! Ils sont venus ! Presque tous ! Un ministre de la Colombie britannique, ce n'est pas rien, avec le décalage d'heures et tout ! Un ministre de la Nouvelle-Ecosse, de l'Alberta, même le premier ministre du Nouveau-Brunswick, Hatfield ! Quant aux ministres du Québec, aux ministres fédéraux, aux malheureux députés pour ne rien dire des hauts-fonctionnaires, on ne les comptait plus ! Perdus dans la foule, qu'ils étaient, avec les ambassadeurs d'Asie, d'Afrique, d'Océanie, d'Amérique latine, les sénateurs, les présidents des grandes agences gouvernementales et non gouvernementales, notre gérant de banque (on ne l'avait pas oublié, celui-là !), beaucoup de vieux amis aussi, les pionniers, ceux qui ont bâti Jeunesse Canada Monde, Maurice Champagne, premier directeur général, Charles Kaplan, Louis Samson, Charles Freemes, Yvon Clermont, des centaines d'autres, j'en oublie, j'en oublie ! Et nos deux électriciens avec leur femme : ils avaient travaillé quasiment jour et nuit depuis quelque temps, pour que tout soit prêt, pour que l'électricité ne manque pas en plein discours du premier ministre du Canada ! Parce qu'il était là, lui aussi, avec une Margaret resplendissante. Ils ont dansé le *tinkinlang* avec nos Philippins, chanté avec les Ivoiriens, discuté avec les Costa-Ricains, parlé à tous les participants qu'ils rencontraient. Il y en avait partout. Se sont bien amusés tous les deux, viendront pas dire le contraire : sont restés près de trois heures ! . . .

A 7 heures 30, on a évalué la foule à près de mille personnes ! On en attendait cinq cents ! Le vin a quelque peu manqué. . . C'était incroyable à voir. Les services d'ordre très tôt démantibulés, s'installa une aimable confusion. Ah ! superbe Tour de Babel ! Joyeux chaos d'Apocalypse ! On perd sa femme, on retrouve un vieil ami. . . aussitôt emporté par un fleuve fou, ça déborde dans les escaliers de sauvetage, ça s'infiltre dans les moindres recoins ! Un ascenseur s'est finalement bloqué entre le troisième et le quatrième, plein comme un œuf, avec un ambassadeur et une femme enceinte ! On avait (presque) tout prévu : au grenier, avec une bouteille de vin blanc du maire et des petits fours, l'expert en ascenseurs attendait patiemment la catastrophe...

A 7 heures 10, c'étaient les discours. Nouvelles débandades ! Les participants canadiens, qui servaient de fil d'Ariane, dispersés tous azimuts, sur cinq étages, avaient mission de ramener le monde à 7 heures 10, dans la grande salle et dans les deux balcons. Au mieux, ça peut contenir trois, quatre cents personnes... On était mille ! Ils ont fait leur possible, les participants, pour ameuter leur troupe d'invités, les pousser vers l'art oratoire, les transborder du quatrième au premier, les convaincre de revenir plus tard goûter à la Kava[4] des Fidjiens... Ils ont fait l'impossible. Toujours est-il qu'à 7 heures 10, je saisis le micro et je présente notre invité d'honneur, Paul Gérin-Lajoie, président de l'ACDI en personne. Ah ! il a fait un bien beau discours :

> La contribution que le Président de l'ACDI veut apporter à cette rencontre, c'est le témoignage de quelqu'un qui a eu la chance de voir, sur place, un projet de Jeunesse Canada Monde en réalisation.

> C'était en mars dernier, au Sénégal, à l'occasion d'une visite impromptue dans un petit village de la province de Casamance en compagnie de Jacques Hébert.

> Ce que j'ai vu dans ce village en fête : une vingtaine de jeunes Canadiens et Sénégalais, engagés ensemble dans la construction d'un centre communautaire selon le désir exprimé par la population locale. De plus, les jeunes participants canadiens se faisant, quotidiennement, les animateurs de diverses initiatives locales.

> Au terme de ma visite à Kagnobon, à la suite de ma rencontre avec ces jeunes, je me répétais, encore une fois, que le développement ne signifie pas nécessairement industrialisation ; ce n'est pas seulement un barrage hydraulique, une route, un bâtiment d'école.

> Le développement, c'est avant tout le point de rencontre des besoins et des espoirs des hommes ; le développement, c'est la naissance et la croissance de la capacité des individus et des collectivités d'assurer, ensemble, à travers leurs différences, une meilleure qualité de la vie, un plus grand bonheur.

---

4. Boisson nationale des Fidjiens, à base de racines.

La valeur d'un projet comme celui que j'ai visité, compte tenu de l'âge des participants et de la limite de la compétence technique, ne peut être évaluée en terme de rendement quantitatif, d'analyse coût — bénéfice, sans fausser sa signification réelle.

Pour les jeunes participants étrangers et canadiens, les activités de Jeunesse Canada Monde apportent une contribution positive à la formation intégrale.

Leur engagement au sein des projets sociaux aiguise leur perception de développement, augmente chez eux, par cet échange de valeurs culturelles et sociales différentes, la créativité, le sens de l'innovation et renforce leur motivation et leur esprit d'initiative. Ils sont appelés de part et d'autre, à devenir des facteurs dynamiques de changement social.

Voilà dans quel sens le programme Jeunesse Canada Monde rejoint certains des objectifs généraux de développement.

Voilà pourquoi une telle initiative doit continuer d'être. S'adressant à des jeunes, étant vécues par les jeunes, ces activités peuvent apporter une contribution certaine à la naissance d'une nouvelle conscience, d'une nouvelle moralité publique davantage orientée vers une plus grande solidarité des nations.

On a applaudi à tout casser, dans le Labyrinthe. Ça devait s'entendre jusqu'à l'autre bout du Tiers-Monde !

Puis, ce fut Pierre Elliott Trudeau, tout à coup devenu sérieux en pleine fête. Il commence en nous citant Baudelaire, *of all people* :

Pour l'enfant amoureux de cartes et d'estampes,
L'univers est égal à son vaste appétit.
Ah ! que le monde est grand à la lueur des lampes.
Aux yeux du souvenir tout le monde est petit.

Ainsi Baudelaire le trouvait petit, ce monde. C'est parce qu'il trouvait partout la même humanité, et si aujourd'hui nous le trouvons petit, c'est parce que les moyens de communication, les moyens de transport, nous ont rapprochés les uns des autres, de sorte que ce qui se passe dans un coin du monde affecte souvent directement et toujours indirectement tous les habitants du globe.

Notre monde, Marshall McLuhan en parle comme d'un immense village, et Barbara Jackson le décrit comme un « vaisseau spatial. » Or, où qu'il se dirige, ce vaisseau, nous sommes tous à son bord, et la joie, la prospérité d'un groupe sont communicables à tous les passagers. Toutefois, nous savons que le malheur, la destruction matérielle, les difficultés économiques et les tragédies nucléaires sont particulièrement transmissibles.

Et c'est pour ça, mon cher Jacques, que je suis de tout cœur — le Gouvernement est de tout cœur derrière ce que vous faites, vous les jeunes du Canada et du monde, parce que je pense que le monde s'en va dans une direction inconnue, mais on sait que son salut dépendra de la vertu de partage. Il y a bien longtemps que les philosophes, les théologiens, les poètes parlent de la fraternité des hommes. Mais je pense que, maintenant, c'est la réalité qui nous oblige à comprendre que nous sommes tous frères. Mais pour que ce monde, basé sur le partage, puisse vraiment exister, il faut changer en profondeur beaucoup de valeurs, il faut créer une moralité du partage et non plus une moralité de la compétition et de la concurrence. Et c'est pour peut-être loin dans l'avenir, c'est peut-être assez proche. Ça dépendra de vous les 700 jeunes qui, ayant travaillé au Canada, maintenant allez partir pour les quatre coins de l'univers. Et j'espère que votre génération aidera toute la terre et toute cette humanité à comprendre l'importance du partage. Et c'est pourquoi quant à nous, nous sommes très heureux de voir votre travail, et de vous féliciter de votre enthousiasme, et de souhaiter à chacun de vous un bon voyage, car votre mission s'inscrit dans notre épopée collective, de souhaiter, enfin, que vous nous reveniez après avoir communiqué par l'exemple votre sens du partage, sans lequel le bonheur ne saurait exister dans notre grand village.

Avant les applaudissements, il y eut quelques secondes de silence... Quelques secondes du bout du monde ! On n'en revenait pas personne d'entendre un chef de gouvernement nous parler sur ce ton-là. Les Africains, les Latino-américains, les Asiatiques... Même Hatfield le conservateur, Michael Oliver, ancien président du nouveau parti démocratique et tout, les riches, les pauvres, les séparatistes, les maoïstes... Pendant quelques secondes, nous étions frères, à bord du même « vaisseau spatial », en route vers un grand beau village...

Ensuite, ils sont partis tranquillement, sans la moindre petite bousculade, tous nos amis, récupérant leur gabardine râpée ou leur vison pour s'enfoncer dans la noire nuit de décembre. Un peu meilleurs qu'en arrivant, peut-être...

3

Indonésie, pur paradis...

29 février

Grand branlebas à la maison. On prépare les trois conférences continentales de mars. Grosse importante affaire. La première fois depuis la fondation. San Jose pour l'Amérique latine, Abidjan pour l'Afrique, Kuala-Lumpur pour l'Asie. Il y aura là les directeurs de la jeunesse des quatre pays du coin, les coordonnateurs canadiens, ceux des pays d'échange et quelques cadres de Jeunesse Canada Monde. Un blablabla énorme! Surtout, faudra se dire ses quatre vérités, on se réunit pour ça. Pierre Dionne s'occupera de l'Amérique et de l'Afrique, j'irai à Kuala-Lumpur chercher les quatre vérités des quatre coins du Pacifique. Pas facile! Nos amis asiatiques n'ont pas le franc-parler des incultes Nord-Américains... Ils sont d'une discrétion inouïe! Avancent avec mille précautions! Cent mille délicatesses! Ils ne veulent pas nous faire de peine... Alors, il faut leur arracher toute critique avec des pinces! Ah! chers doux Asiatiques! Ne vous gênez pas avec nous. Allez! On est capable d'en prendre! On sait bien que Jeunesse Canada Monde balbutie encore, a tout à apprendre... Justement, on est venu pour ça : évaluer l'an III qui achève, préparer l'an IV qui commence, bâtir ensemble...

Ah! Cher Jean, laisse-moi un peu te raconter le voyage, avec tous les détails. J'adore ça! Sois patient, il y a de bons bouts!

Je passe par Paris, quelques heures entre deux avions, pas le temps de rigoler. A peine entrevu une Seine verte au bord du printemps, Notre-Dame dans les feux du matin à travers les glaces embuées d'un taxi fou ... Essaye d'écraser sa douzaine de piétons d'un coup, mais en vain. Visite à l'UNESCO pour parler de Jeunesse Canada Monde encore, toujours ...

Un radis-beurre-biftek-frites dans une brasserie de carte postale et hop ! à l'aéroport pour le sacré voyage vers Djakarta, plus ou moins dix-sept heures d'avion, d'escales, d'aérogares, avec décalage d'heures incroyable, à détraquer mille cosmonautes ! J'arrive dans un état lamentable, en pièces détachées, fourbu, courbatu, moulu, crevé ... Sais plus quelle heure il est, quelle date, quelle année ... Suprême effort pour sourire à la délégation qui m'attend aux douanes, bonnes joyeuses figures pourtant ... M. Mohammad Saïd, directeur de la Jeunesse de l'Indonésie, déjà vieil ami de Jeunesse Canada Monde. Il est venu au Labyrinthe en décembre, voyait de la neige pour la première fois, à cinquante ans, un rude choc. Le colonel, qui a fait la guerre de libération contre les obstinés Hollandais, est là avec tout son bataillon du ministère de l'Education. Suis vraiment confus de déranger ce beau monde. D'autant plus que je les reconnais à peine, tellement je suis sonné ... Difficile de manquer Jean-Guy Leclerc. Avec sa barbe et sa longue chevelure blonde ... Il est frais et dispos, lui ! Veut les nouvelles du Canada ! Me renseigner sur l'Indonésie tout entière ! Je finis par tomber dans un lit d'hôtel, quasi mort, avec mission de ressusciter à 7 heures demain matin pour faire face à un programme affolant, trois jours remplis à craquer ...

6 mars

M. Saïd est là, ponctuel comme un colonel. Allons d'abord saluer le Docteur Napitupulu, sous-ministre de l'Education. Je le connais déjà, sympathique à Jeunesse Canada Monde, discutons les projets de l'an IV, les problèmes de l'an III, aujourd'hui, demain ...

En route ! La Mercedes se fraye un chemin dans les rues folles de Djakarta, cinq millions d'Indonésiens joyeux vont, viennent dans toutes les directions, à pied, à bicyclette, en pecaks[1], en calèche, en mini-autobus débordant de bras, de jambes, de têtes, frôlés par des taxis aux klaxons furieux... La Mercedes fonce dans tout ça comme un tank, n'écrabouille personne, finalement s'arrête, victoire, devant l'Ambassade du Canada. Rencontre avec Leslie James et David Preston. On fait le point sur l'expérience de Jeunesse Canada Monde en Indonésie. L'ambassade est ravie ! Jamais tant de publicité sur le Canada ! Vraies vedettes nos jeunes participants ! En anglais ! En malais ! Ils expliquent Jeunesse Canada Monde, l'amitié et tout ! Oui, l'ambassade est ravie... On s'attendait à mille problèmes. Quand on connaît la jeunesse d'aujourd'hui ! Cheveux-longs-sexe-drogue ! Ravie, l'ambassade, de voir nos jeunes se débrouiller dans les villages javanais, planter le riz dans les rizières, paver des chemins, partager la vie simple, le travail des paysans, laissant partout traces heureuses...

M. Saïd veut absolument nous montrer un grand parc tout neuf, sorte d'Indonésie miniature. On a creusé un océan artificiel... Les belles îles flottent minuscules comme vues d'avion... Partout autour se dressent, grandeur nature, maisons, palais, mosquées, temples, toute l'architecture extraordinaire de ce pays... L'Indonésie, c'est pas un pays, c'est un monde. Chaque île a ses cultures, ses religions, ses langues. On a voulu mettre tout ça dans ce super-parc, vrai digest du pays. Pour voir le vrai, île par île, il faudrait une vie entière... Ah ! la merveilleuse vie que ça ferait !

En soirée, le ministère nous offre grand souper grand chic, mille plats indonésiens, danseuses de Bali, chanteurs acehs venus joyeux du Nord-Sumatra...

7 mars

Ici, Gilles Latour, coordonnateur canadien pour l'Indonésie, nous rejoint. Déjà indonésien, baragouinant le malais, vo-

---

1. Sorte de triporteur pouvant transporter deux personnes.

lubile comme à l'accoutumée, efficace, bien dans sa peau, riant de tout, de tout et de lui-même.

Départ matinal avec un M. Saïd détendu, fier de montrer son île, merveilleuse Java, jardin fleuri grouillant de Javanais paisibles, discrets, doux, tous vraiment beaux, filles, garçons, vieillards, surtout beaux les enfants, on voudrait embrasser tout le monde... Quel programme ! Ils sont 125 millions !

Halte à Bogor, au célèbre jardin botanique. Nos participants y ont fait un stage le mois dernier. Ont travaillé dans la serre aux cent mille orchidées...

M. Saïd est patient professeur. Il nous enseigne les palmiers royaux, les cocotiers, les fromagers géants, les bougainvilliers rouges, les fluets bambous, les armées de cannas au casque d'or... Pas la peine d'insister, cher M. Saïd ! Continuons vers Bandung ! Toute l'Indonésie est un formidable jardin botanique ! La route traverse une région de rizières, immense tapis par coin de toutes les couleurs... Ocres les pièces labourées de frais, bleu ciel les pièces inondées, vert tendre le riz qui sort la tête de l'eau, or léger le riz vaincu par un pareil soleil, déjà au bord des grands bols de manne blanche autour desquels les familles se retrouvent, trois fois le jour... Après les rizières, le velours épais des plantations de thé, lourd sombre manteau, recouvre collines, vallons, montagnes, à perte de rêve...

Après six heures de route, arrivons en surprise au village de Godok, où vit, où travaille le groupe de Jean-Pierre Gaboury. Les participants sont sûrement plus heureux de retrouver leur papa Saïd, poches remplies de chocolats pour ses « Canadian children », que leur lointain président à peine entrevu un jour dans quelque dédale de labyrinthe. Il y a là Patricia Thurier de Thunder Bay, Dolores Emard de Montréal, Brian MacDonald de Calgary, Yvon Simard de Saint-Amable, Blain MacWilliam de Sault-Sainte-Marie, Michel Matte de Chambly, Brenda Lee Giese de Vancouver et Jeoffrey Bussidor, un Amérindien de Winnipeg... tous un peu crottés ! Ils travaillent dans les rizières, labourant avec les bons buffles joufflus, plantant le riz à la main, comme il se doit, dans les profondeurs boueuses où grouillent les sangsues par millions. Travail dur, sous un furieux soleil. « Aujourd'hui, dit Jean-Pierre, je me suis tapé quatre heures de rizière... Demain ce sera cinq heures, puis six heures... On les aura ! » Bon animateur, au style parfois déconcertant, mais son groupe a un moral du tonnerre d'Allah et les villageois l'adorent. Avec les gens du village, dans le cadre du programme communautaire de volontariat, nos participants pavent un chemin vicinal, améliorent avec de menus moyens la qualité de la vie. Un bout de chemin à Godok, c'est pas la route Trans-Canada, mais ça mène loin, quand même, loin dans le cœur des Indonésiens et des Canadiens qui ont pu bâtir quelque chose *ensemble*... Le groupe arrive de la province d'Est-Java où il a travaillé entre autre «dans le café, le cacao, la vanille, le tapioca...» Il a aussi planté autre chose s'il faut en croire le récit des adieux au village d'Ampel Gading. Tous les villageois étaient là, personnages officiels en uniforme, avec thé, gâteaux, discours... Joyeuse fête qui se termina en vrai pur déluge : tout le monde pleura à larmes chaudes comme la pluie qui tombait dru sur Ampel Gading. Faire pleurer un village du bout du monde après vingt-trois jours...

Filons vers Bandung. Oui, le Bandung de la première grande clameur des pays du Tiers-Monde, en avril 1955, avec Soekarno, Nerhou, Nasser, Chou En Lai, clameur qui n'avait pas dérangé gros les nantis des pays riches... Riches de la misère des autres ! Bandung, c'est aussi la ville de M. Saïd. Il aurait pu nous déposer à l'hôtel, nous reprendre demain matin... C'est mal connaître le tendre colonel. Il veut d'abord nous conduire chez lui, nous présenter sa femme, — ah ! elle parle un joli français, appris à Hanoï où M. Saïd a été attaché militaire pendant cinq ans. Veut aussi nous montrer quelques-uns de ses neuf beaux merveilleux enfants, nous bourrer de biscuits, de gâteaux, d'orangeade, nous raconter ses trophées de chasse... Fameux chasseur, M. Saïd ! Les murs sont couverts de peaux de tigre. On imagine les bêtes énormes, magnifiques, avançant dans la jungle, en pleine nuit, vers un colonel Saïd, l'œil vif, le doigt sur la gachette ... Mais elles n'ont rien à craindre si elles ne causent pas de problème dans les villages : « On tue les tigres quand ils sont très vieux, explique M. Saïd, trop vieux pour courir après les cerfs. Vieux, ils se rapprochent des villages où il y a des vaches, moins alertes que les cerfs. Ils deviennent alors dangereux pour les hommes aussi. Mais les jeunes tigres, il ne faut pas les tuer. Ils se débrouillent dans la nature, loin des hommes dont ils ont peur ... Avec raison ! »

8 mars

Encore deux, trois heures de route étroite, sillonnée de millions de bicyclettes, de motos, de charettes tirées par des chevaux minuscules, de camions brinquebalants terribles, de paysans écrasés sous les régimes de bananes, les sacs de riz, les montagnes de choux-fleurs, d'enfants rieurs, de chiens efflanqués, de poules hystériques ...

Arrivons au village d'Indihiang, près de la ville de Tasik Malaya, province d'Ouest-Java, où nous attendait, un peu, le groupe de Suzanne Savard. Tuniques de batik, sarongs, peaux basanées ... Drôles de Canadiens ! Faut savoir ! Tout le groupe habite une grande maison indonésienne avec un vieux couple, ravi de l'aventure. Le paysage est sublime. Ah ! quel beau doux pays ! Tout planté de palmiers comme un conte des mille et une nuits ! Débordant de fleurs ... en plein mois de mars ! Des couchers de soleil à ne pas le croire ! Partout le sourire immense des Javanais tout en *selamat malam*, en prévenances, en délicatesses ! Ah ! Quel pays ! Quel pays ! Le paradis terrestre, je vous jure ! Un pur paradis terrestre ! Vite ! Vite ! Une pomme ! ...[2]

Savent bien leur bonheur, nos participants, le disant, le disant pas, selon le cœur. Gloria Gould, mince fille de Nouvelle-

2. En 1972, c'est-à-dire avant que les exportations de pétrole ne le fassent un peu grimper, le produit national brut était de moins de $100 par année par habitant dans ce paradis terrestre. La même année, celui du Canada était de $4,440.

Ecosse, seule pour défendre sa belle province, les autres étant d'ailleurs... Alain Bernier, franco-ontarien d'Ottawa, arrive en sueur du champ voisin... Danielle Bergeron de la rue Fullum, à Montréal, tout le monde, absolument tout le monde du village la connaît, l'invite, la dorlote... Les enfants de l'école réclament Danielle... Elle y va tous les jours, faire le baratin sur la neige, les Esquimaux, le sirop d'érable... Tony Black de Calgary me raconte son travail dans une minuscule fabrique de pâte de soya : « Ah ! c'est extraordinaire comme les Indonésiens se débrouillent avec rien ! Ils ont inventé une sorte de moteur à la fabrique. Un baril d'essence à moitié plein, une pompe à bicyclette pour comprimer le gaz... et ça fonctionne ! Je pouvais pas y croire... » (Pendant ce temps-là, au Canada, on installe des moteurs et des gadgets très coûteux pour que la porte du garage s'ouvre automatiquement sans qu'on ait à sortir de sa voiture...) Ah ! ne pas oublier Jean Fudge de Cornerbrook, Terre-Neuve, belle fille ronde, débordante de santé, subissant avec patience les blagues les plus éculées sur les Newfies, affirmant que Terre-Neuve est le plus beau pays du monde... Avec l'Indonésie ! Chère Jean, tu ne savais pas encore que je t'écrirais cette longue lettre un jour !...

Avec tous les participants, je partage un bon repas indonésien, à la lueur d'une lampe-tempête. On parle du Canada, d'Indihiang, du travail à la fabrique de pâte de soya, du tissage à l'atelier d'artisanat, du décorticage du riz, de la réussite de l'intégration dans les communautés indonésiennes au cours des quatre derniers mois... On envie bien un peu le groupe de Mark MacWilliam, qui travaille à la restauration d'un super-temple bouddhique du 9e siècle, à Borobudur. Des apprentis archéologues venus de tous les coins du Canada pour nettoyer des vieilles pierres, inventorier, photographier, discuter avec vrais archéologues, découvrir l'histoire millénaire de cette île, surtout découvrir comment les Indonésiens vivent dans un village d'aujourd'hui[3].

---

3. Je n'avais pu aller rencontrer Mark MacWilliam, trop loin perché. De retour au Canada, il est venu me confier un magnifique gong en bronze, monté sur un chevalet sculpté et coiffé de deux dragons d'or : « C'est fait à la main

Visite au chef du village, comme il se doit. « Je suis le chef depuis trente ans, » dit-il, fier tout sourire, en nous servant du thé dans de grands verres, les gâteaux de sa femme, étonnants raffinés gâteaux, à douze étages au moins. « Elle en vend dans les villes, tellement ils sont fameux ! »

Guidé par une seule lampe de poche, le groupe se dirige vers la « salle paroissiale » où tout le village s'est rassemblé. C'est la fête ! Pour nous ? Peut-être... Pour les villageois eux-mêmes, aussi, sûrement. Tout est prétexte à musique, danse, chant, réjouissances... D'un trou sombre surgissent les musiciens porteurs d'*anklungs,* curieux instruments à percussion en bambou. Ça claque dans la nuit comme cent mille castagnettes. Il y a aussi des flûtes et des trombones en bambou, des tambours en peau de chèvre... Pas des musiciens professionnels ! Non. Les paysans, les artisans, les agents de police, les enfants... tous les amis de nos participants. Le premier danseur, noblesse oblige, c'est le chef du village. Pas jeune, mais vrai Noureev ! Danse depuis le berceau ! On approche les lampes-tempête pour qu'on voie bien ses mains... Tout est là ! On danse autant avec les mains qu'avec les pieds. Quelques audacieux entrent dans la danse, autour du chef. Tout à coup, la belle Risti, agent de groupe indonésien, propre fille de M. Saïd, m'invite à danser à mon tour... Aïe ! Je sais même pas danser des *slows!* Même pas la valse! Pitié! Pour pas faire honte aux participants, je m'élance! Je fonce! Les pieds! Les mains! Surtout les mains! Comme les danseuses de Bali de l'autre soir! Le rythme s'accélère! Les joueurs d'*anklungs* abusent de la situation ! Au moins, je fais rire à mort les centaines d'enfants entassés aux premiers rangs... Mais c'est Jean-Guy Leclerc la vraie vedette. Derviche déchaîné, il tourne, bondit, court, pirouette, sautille, triomphe ! Les enfants hurlent de joie ! Je m'assois, épuisé, en nage... « Tut ! Tut ! fait M. Saïd... C'est le temps du petit discours ! » Quoi ? Un dis-

---

par les paysans du dernier village où a travaillé mon groupe. Ils ont fait ça à notre insu pour nous l'offrir le jour du départ, avec les discours émus... Comme on est sept dans le groupe, on a décidé de prêter notre trésor au président... » (Visible dans mon bureau tous les jours de 9 heures à 17 heures. Entrée libre...)

cours ? Mesdames messieurs ? A cette heure ? Après un tel bo-
léro ? Vraiment ? Déjà debout, planté sérieux le chef du village... Il attend les bonnes paroles du « chef » du Canada. J'ai
improvisé, comme j'ai pu, en anglais, traduit au fur et à mesure par M. Saïd. Aucune idée de ce que j'ai pu dire... Absolument aucune. Sauf une phrase : « Quand on regarde la carte
du monde, on découvre avec satisfaction qu'aucune frontière
ne sépare nos deux beaux lointains pays... Au contraire, ils
sont unis par un vaste océan qui, Dieu soit loué ! s'appelle Pacifique ! » Les participants avaient l'air plutôt contents de l'en-
volée. Faudrait surtout pas leur dire que j'avais carrément pla-
gié le co-auteur d'un vieux livre sur la Chine, qui avait dit la
même chose à des Chinois, après un plantureux banquet à
Shangaï...

Retour à Bandung. Trois heures de route.

9 mars

Retour à Djakarta. Quatre heures de route. Les bagages,
l'aéroport, les adieux, on recommence...

Il reste quelques jours avant la conférence de Kuala-Lumpur. J'en profiterai pour aller discuter de Jeunesse Canada
Monde en Inde et au Sri-Lanka. L'Inde d'abord, où j'arriverai
demain aux petites heures, après cinq, six heures d'avion, prêt
à convaincre les six cents millions d'Indiens que Jeunesse Canada Monde c'est la vraie belle chose qu'ils attendaient...
Sans savoir ! J'avais commencé ma petite propagande avec
Madame Gandhi, quand elle est venue au Canada, il y a un an
et demi. Surtout, je comptais sur les télégrammes envoyés au
Haut-Commissariat du Canada à la Nouvelle-Delhi et au ministère de l'Éducation.

10 mars

Vérification faite, on n'a pas reçu mes télégrammes, je
tombe comme un cheveu sur la soupe au cari, avec l'idée farfe-

lue de négocier quelque chose avec l'Inde en 72 heures. On m'assure que c'est un pari impossible. Administration énorme compliquée... Fonctionnaires par millions... Faudrait des mois, des années... Je fonce quand même, tête baissée, je cours d'un bureau à l'autre, j'épuise le personnel du Haut-Commissariat, les téléphonistes, les messagers, je m'accroche à petit secrétaire pour atteindre un plus gros secrétaire, j'arrive péniblement aux fonctionnaires qui portent une cravate, pour dénicher enfin, au haut de l'Everest, un vrai sous-ministre en costume noir à fines rayures blanches !

Intelligent, jeune, sensible, il comprend vite, ça ira, il donne son accord de principe. Il attend qu'on lui envoie un projet de protocole.[4]

Ouf ! Je constate que j'ai parlé de Jeunesse Canada Monde presque sans interruption pendant soixante-douze heures... Grave cas d'obsession ! Ne pas oublier de consulter un psychiatre en rentrant à Montréal. Après tout ce blablabla, il ne me reste pas même une heure pour revoir quelques coins de la belle immense Delhi nouvelle qui m'avaient tant impressionné en 1950, le Qud Minar, le vieux Fort rouge, les rives de la Yamunâ... Pas le temps ! Plus tard ! Je reviendrai quand je serai vrai vieux ! Retraité pépère ! Vers l'an 2,000 ! En chaise roulante ! Seront fantastiques les chaises roulantes de l'an 2,000... Avec suspension hydraulique... Servo-direction... Air climatisé « optionnel »... Et des turbo-réacteurs pour vieux pressés... Formidable ! On pourra faire le Musée du Louvre en 23 minutes !

---

4. A cause des restrictions budgétaires, Jeunesse Canada Monde a dû renoncer au projet de programme avec l'Inde pour l'an IV et même pour l'an V. Rêvons à l'an VI...

4

Sri-Lanka, Malaysia, Philippines

13 mars

Quatre heures du matin. Debout ! Vite ! Vite ! Un taxi !
Aéroport ! Douane ! Avion ! C'est pas un voyage, c'est un affolant cauchemar ! Je ne m'en remettrai jamais ! . . . J'arrive à
Madras par une chaleur à tuer raide mille bœufs. Je saute dans
l'avion pour Sri-Lanka, l'île resplendissante, appelée jadis
Ceylan (à cause du thé, bien sûr !) mais depuis toujours Sri-
Lanka pour les Ceylanais. Conquérants portugais d'abord, hollandais ensuite, anglais naturellement un jour, tout ce beau
monde d'Europe était incapable de prononcer un nom pareil. . . Se sont pas gênés ! Ils ont changé le nom en plantant
leur drapeau. Ce fut donc Ceilao, Ceylan, Ceylon, et puis Sri-
Lanka encore, enfin, pour les prochains siècles. . .

Jean-Guy Leclerc est là, à l'aéroport de Colombo, barbe
joyeuse, avec notre ami, déjà, Leel Gunasekera, président du
National Youth Service Council, bras ouverts à Jeunesse Canada Monde pour l'an IV. Chanceux ces jeunes Canadiens qui
n'en savent rien encore, qui se retrouveront dans ce resplendis-
sant jardin en janvier prochain, pendant qu'on gèlera tous, là-
bas, dans notre frigo *a mari usque ad mare.* . .

Quand il fait 90°F. à l'ombre, avec une humidité de 90%,
il me prend des envies de douche fraîche. Réaction de vieux
bourgeois. Pas question ! Allez ouste ! En route pour Moratu-

wa, quartier général du célèbre mouvement Sarvodaya Shramadana, sorte de révolution non violente, tout amour, prière,
paix, travail. Sarvodaya Shramadana, ça veut dire, bêtement
traduit : « Partager le travail pour le réveil de tous ». Des centres régionaux dans tout le pays, une activité dans des centaines de villages, des milliers de volontaires bouddhistes, musul-
mans, chrétiens, comme des frères forcenés, travaillant pour
bâtir une société plus juste, améliorer la qualité de la vie, changer les cœurs... Il y a là un *vieux* de Jeunesse Canada Monde,
Wilf Allen, l'an dernier directeur continental pour l'Asie. Cher
Wilf toujours inquiet, tant mieux, sensible à la misère du monde, préoccupé par le développement. Devait logiquement
aboutir ici, donner six mois, un an de sa vie, devenir *Sarvodaya*
à mort... Grâce à lui, nous sommes déjà en pays de connaissances, Jeunesse Canada Monde pourra avoir un chantier avec
Sarvodaya dès janvier. Comme chaque fois qu'il y a un visiteur
étranger, toute la grande famille se réunit dans la salle commune, une centaine de jeunes gens, assis à l'indienne, sereins comme des moines. Ils ont trouvé la paix et la joie c'est l'évidence.
Quelques petits discours comme on devrait en entendre, parfois, aux Nations-Unies. On parle d'amour, de fraternité humaine, du monde à bâtir... J'avoue avoir refait le coup de cet
océan qui nous unit, et qui s'appelle Pacifique. (Avec Atlantique, ça serait moins bien, quand même...)

M. Gunasekera nous ramène en catastrophe à Colombo.
Le programme est chargé. Voir beau long ballet cinghalais,
rencontrer Madame Rupasinghi, la fille du premier ministre,
son mari, directeur du National Youth Service Council, discuter Jeunesse Canada Monde, pour aboutir dans un bain chaud,
enfin, à une heure du matin !

14 mars

Debout à 6 heures. Ils n'ont peur de rien, nos amis ceylanais. Voudraient nous montrer toutes leurs merveilles en quarante-huit heures ! Pitié ! On sait que le Sri-Lanka est un extraordinaire pays. On reviendra un jour. Avec chaises roulantes

et tout... Rien à faire ! La voiture et le chauffeur sont à la porte de l'hôtel à 7 heures, avec M. Abeyaratne, bras droit de M. Gunasekera, qui a mission de nous cinghaliser dans le temps qui reste. On s'élance à la fine épouvante sur une route déjà remplie d'enfants, de chèvres, de vendeurs de noix de coco, de charmeurs de cobras, de cyclistes suicidaires, d'automobilistes éperdus, de chevaux, de vaches, de poules, même d'éléphants pas peureux qui doivent bien se faire écrabouiller parfois par quelque furieuse Volkswagen... Notre chauffeur est un pur génie. Il fonctionne au radar. Hélas ! il ne réussit pas à éviter une bicyclette surgie de nulle part. Un choc terrible ! Un bel enfant étourdi est projeté en l'air ! On le voit retomber devant les roues de la voiture ! Sûrement mort ! En mille morceaux ! Non ! Vrai miracle ! Il se relève ! A peine une égratignure. Mais rudement secoué, l'enfant fragile. Je lui donnais neuf ou dix ans... Il en a quatorze ! Des jambes et des bras secs comme de jeunes bambous. Pas gavé de protéine, c'est l'évidence, mais beau comme un petit prince de légende. Tout à coup, il devine qu'il devrait être mort après un choc pareil, et de grosses larmes se mettent à couler sur ses joues creuses. On le rassure. Le père arrive, console son petit. On ramène tout le monde au poste de police. Procès-verbal et tout... On paye la réparation de la bicyclette. On glisse des roupies gentilles dans la poche du petit prince. Il a séché ses larmes. Tout finit bien... Assez de roupies, se dit le père, pour nourrir la famille pendant un mois !

Arrivons à Sigiriya, énorme piton dominant la forêt tropicale, fantastique forteresse percée de cavernes où a habité le roi Kassapa, sa cour, ses soldats, pourchassés par quelque méchant roi. Ça existait déjà, au 5e siècle ! Retraite imprenable, même par d'enragés alpinistes. Tout en haut, coiffant le piton d'une couronne, le palais du roi-artiste qui peignait des fresques en attendant l'ennemi... Il en reste encore. Gigantesques portraits de femmes splendides aux seins épanouis. Quelques douzaines ! Jadis, il y en avait cinq cents... Un joyeux autobus déverse au pied du rocher tout un fleuve d'écoliers venus de Colombo pour la classe verte. Beau sujet de rédaction pour demain ! Merveilleux enfants... Ils chantent et dansent pour nous, pour le plaisir, parce qu'on est venu de loin admirer les Dames de Sigiria...

Retour par Dambulla, autre rocher-caverne-palais-temple-monastère, le Rocher d'Or, refuge d'un autre roi des temps heureux, Vattha Gamini Abbaya. Comment se rappeler des noms pareils ! C'est épuisant, la culture. Un vieux roi, plus vieux que Kassapa... Du 1er siècle... Ça ne nous rajeunit pas ! Il fuyait les guerriers tamils. Plus porté sur la religion que sur les belles femmes aux seins lourds, il a rempli son temple de statues de Bouddha. Un vieux guide édenté nous les décrit par le menu, l'un, puis l'autre, sans en oublier... Le plus gros d'abord, Bouddha endormi de quarante-sept pieds de long, sculpté à même le rocher, d'une seule pièce... Incroyable ! Quand on a vu ça, on ne peut plus regarder la statue de Sir Wilfrid Laurier, à Ottawa ! Ça vous donne un complexe pour la vie ! Le vieux nous pousse d'une salle à l'autre, nous écrase avec ses formidables Bouddhas, enlignés par douzaines, souvent sculptés à même le rocher. «One rock! One rock! » s'écrie-t-il, triomphant. Il y en a d'autres en bois, en céramique... Encore douze ici, vingt-quatre là... La tête me tourne ! Dans cette seule salle, il y en a soixante-sept ! Plus douze, plus vingt-quatre, ça fait combien en tout ? Suis complètement perdu dans mes calculs ! Moi qui voudrais si bien renseigner le monde ! Cultiver les populations avec toutes statistiques ! Le vieux abuse de la situation. Encore vingt-neuf Bouddhas, plus douze, plus... Je ne m'y retrouverai jamais ! Enfin, le vieux nous montre les deux dents jaunes qui lui restent encore, malicieux sourire avant le coup de grâce: « Levez la tête ! » commande-t-il, sûr de son effet. Au plafond du temple-caverne, une fresque immense où il y a encore mille Bouddhas... « Mille un ! » s'écrie le vieux... Oh !

On arrive à Kandy, la royale, forteresse naturelle. Les derniers rois du Sri-Lanka ont résisté, là, à tous les envahisseurs européens, siècle après siècle, jusqu'aux terribles Anglais, finalement arrivés en 1815... Pour y aménager un golf !

15 mars

Visitons le vénéré Temple de la Dent, ainsi nommé parce qu'on y conserve une dent de Bouddha dans un oratoire constamment fleuri par les visiteurs et les pélerins. Nous remettons nos fleurs à des moines drapés de tuniques safran, le crâne rasé de frais. Ils nous sourient en baissant les yeux. Ils ont l'air heureux, vraiment, toujours au bord de nirvâna. Il y a encore des temples à la douzaine, des Bouddhas on n'ose plus donner de chiffre, des musées, des monuments partout... Cette ville déborde de richesses, de culture, de religion, de fleurs... Mais un autre foutu avion m'attend à Colombo. Juste le temps d'une dernière conférence sur Jeunesse Canada Monde avec notre ami Gunasekera, un dernier thé, un dernier *ayubowan* !

Partons vers la belle chaude Malaysia pour la très sérieuse conférence de Kuala-Lumpur.

A l'aéroport, Gérald Holdrinet de Vancouver, coordonnateur canadien du programme dans ce pays, solide, patient, doux, un peu asiatique déjà, et M. Yap Yong Yih du ministère de la Culture, de la Jeunesse et des Sports, le bon dieu malaysien de Jeunesse Canada Monde.

16 mars

Enfin, une belle journée libre. Ne rien faire... Marcher doucement dans les jardins de Kuala-Lumpur... Pas question ! M. Yap a appris que je ne connaissais pas encore la ville de Malacca. Faut voir Malacca, m'assure-t-il. Ça manquerait à ma culture... C'est bien vrai que j'ai raté Malacca quand j'ai visité le pays en jeep vers 1950. Il y avait alors de grands troubles dans plusieurs régions. Par discrétion, on appelait ça « emergency »... Mais ça mourait partout dans la péninsule. Je me souviens encore du grand officier britannique qui nous avait accueillis à la frontière de la Thaïlande, en shorts kaki, la noire moustache en état d'alerte : « Ah ! vous allez vers le sud ? vers Singapour ? en jeep ? A vos risques et périls, *gentlemen !* Vos chances d'arriver vivants ? Neuf sur dix, *I dare say. . .*» *Fair enough !* On avait un sérieux talisman : le mot CANADA, en grosses lettres blanches, de chaque côté de la jeep. Et puis, on n'avait rien à voir dans leur guerre ! On tue pas le monde pour rien, pensions-nous, chers candides ! Quand même, on appuyait assez fort sur l'accélérateur. . . Sait-on jamais ! On avait filé vers Kuala-Lumpur, vers Singapour, sans aller faire guili guili à Malacca. M. Yap est bien au courant. Ah ! j'aurais pu continuer de vivre sans connaître Malacca, survivre en tout cas. . . Je ne suis jamais allé à Yellowknife et j'ai survécu ! Mais Malacca, tout de même, pense M. Yap. . . Alors en route ! Une journée d'auto ! Faut ce qu'il faut !

Malacca ! Malacca ! Malacca ! Un nom qui claque comme un drapeau de corsaire. Un nom qui a toujours fait rêver le monde. Il y en a peut-être une dizaine de même sur la terre. Shangai. . . Bali. . . Bénarès. . . Belém. . . Tombouctou. . . La Mecque. . . Istamboul. . . Addis-Abeba. . . Kapuskasing ! . . .

En route pour Malacca, faut s'arrêter dans un petit village au nom moins envoûtant déjà oublié, village très important pour huit jeunes Canadiens. Ils y ont vécu heureux, ils y étaient encore ces jours derniers. Le chef du *kampong* nous en parle avec émotion. Très content. . . Voudrait que ses enfants aillent tous les revoir un jour, au Canada. . . Nous montre les étangs à poissons où ils ont travaillé. . . Nous parle de chacun, se rappelle leurs noms. . . Seri Bulam. . . Karim. . . Siti. . . Leurs noms malais, bien sûr. Les gens du village ne pouvaient pas prononcer les terribles noms des Canadiens. Alors, ils leur ont donné de beaux noms du pays. David est devenu Daud, Christopher : Karim, Christal : Seri Bulan, André : Budin, Rowland : Rawi, Johanne : Siti. . .

Continuons la route par les champs d'ananas, les rizières, les plantations de caoutchouc, de palmiers à huile, jusqu'à la mer, Malacca au parfum de crevettes, la ville qui envoûte depuis six, sept siècles. . .

Fondée jadis par un prince malais, elle est vite devenue la plus formidable ville de tout le Sud-Est asiatique. Si grande dit une légende « qu'un chat prenait une année entière pour parcourir tous ses toits de tuiles rouges ». On venait de partout y chercher ivoire, étain, épices, soie... Ville tant respectée que le puissant empereur de Chine y envoya l'amiral Cheng Ho, son « eunuque aux trois joyaux » — il n'avait pas tout perdu ! — offrir la protection du puissant Empire du Milieu. Mais les Portugais rôdaient autour d'une aussi belle ville, avec leurs méchants navires hérissés de canons. Se sont finalement installés en 1511. Pas gênés les Portugais ! Sont restés cent trente ans ! Aimaient plutôt bien les crevettes ! Et la religion... Avaient François-Xavier dans leurs bagages de pirates... Bonne excuse à joli ravage ! Il est mort ici, le doux jésuite, d'abord enterré sur la colline, dans une vieille église pure style Lisbonne. Déménagé ensuite à Goa. Il s'en moquait pas mal dans son paradis ! Plus tard, d'autres amateurs de crevettes sont venus, les Hollandais. Leurs canons étaient plus gros ! Alors, autour de 1641, ils ont foutu dehors les Portugais... Après un siège dégueulasse ! Ils devaient rester un siècle et demi. Ont construit deux églises, trois palais pour les cartes postales de 1975, avant de jouer une petite partie de *Monopoly* avec les Anglais, en 1824. Bien installés partout alentour, les Anglais... Un Malacca hollandais, ça les ennuyait terrible : « Vous me donnez deux *Connecticut* et un *chemin de fer*, je vous donne un *Broadway* plus un *permis pour sortir de prison...* » Très longue discussion ! On a fini par s'arranger : contre Malacca, les Anglais céderaient aux Hollandais la colonie de Bencoolen dans l'île de Sumatra. Dans l'excitation du *Monopoly*, on avait oublié de consulter les gens qui vivaient là depuis six ou sept siècles...

Tant bien que mal, on s'est arraché à tous ces tripotages d'empires pour revenir à la paix de Kuala-Lumpur. Morts de fatigue, — ça finira mal ! — mais combien plus cultivés. Faudra bien que j'aille un jour à Yellowknife...

18 mars

Grande ouverture de la Conférence « continentale » de Jeunesse Canada Monde pour l'Asie et le Pacifique. Discours du président, allocution officielle de l'Honorable Datuk Ali Aji Ahmad, ministre de la Culture, de la Jeunesse et des Sports de la Malaysia, conférence de presse en anglais, en malais et en chinois... C'est parti !

On discutera pendant quatre jours. Faudrait cent pages au moins pour tout raconter, jour après jour, les questions de Fidji, les inquiétudes des Philippines, les attentes de l'Indonésie, les bons vœux de la Malaysia, les explications de Montréal, d'Edmonton, de Vancouver... Au moins cent pages ! Ça serait peut-être un peu long. Intéressant, mais un peu long...

20 mars

Ce qu'il y en aura des erreurs à ne pas recommencer, des sottises à épargner aux générations futures ! Ce que j'en ai fait de beaux actes d'humilité ! C'est pourtant pas mon genre. Plutôt porté au fol enthousiasme... Des fois, faut se calmer. On est ici pour ça. Découvrir ensemble toutes nos faiblesses...

La Malaysia nous inonde de gentillesses. Faut la pousser un peu côté critique. Découvrir enfin que la vie de groupe, telle que préconisée jusqu'ici par Jeunesse Canada Monde, déconcerte un peu les Malaysiens dans les villages... où de toute manière on vit en groupe ! Surtout dans les *long houses* de Sarawak où un village entier habite sous le même grand toit. D'ailleurs, les participants Canadiens préfèrent souvent la vie dans les familles malaises ou chinoises. On les adopte, on les dorlote pour les aider à devenir aussi malaysiens que possible. La vie de groupe continue au moins au niveau du travail à la rizière, à l'étang de poissons, pendant les week-ends d'évaluation qui séparent chacun des chantiers.

M. Yap est un homme exquis. Une nuance n'attend pas l'autre. Se tue à nous dire que les participants canadiens sont merveilleux... mais que, peut-être, pourraient-ils s'habiller de manière à ne pas trop étonner les gens des villages ! Il a voyagé, il connaît bien les manies vestimentaires des jeunes Nord-Américains, il sait qu'une paire de jeans délavés, rapiécés, avec une marguerite brodée sur la fesse gauche, c'est le dernier cri à Toronto, que les filles doivent porter les cheveux très courts tandis que les garçons se coifferont en chutes Niagara... Il sait tout cela, mais il a bien raison de nous rappeler que si nos jeunes veulent s'intégrer rapidement dans les familles, dans les villages, ils ne doivent pas ressembler aux hippies. Ces grands hippies au visage pâle, ils ont laissé de bien mauvais souvenirs partout dans le Sud-Est asiatique. On les a bannis de Singapour, de la Corée... On les tolère plus ou moins ailleurs... Ah ! qu'il est difficile de faire comprendre des choses aussi simples aux jeunes Canadiens qui pourtant seraient horrifiés qu'on les confonde avec les hippies...

Le délégué des Iles Fidji, Inoke Tambualevu, avec sa voix profonde et son bel accent de Londres, va plus directement au but. Son pays n'avait pas très bien compris la philosophie de Jeunesse Canada Monde, ce qui explique les quelques difficultés qui ont pu surgir au cours des années. Cette conférence le rassure. Il constate que les jeunes Fidjiens revenus du Canada sont aussitôt devenus des leaders dans leurs villages. Fidji veut continuer l'expérience qui pourtant coûte très cher à ce petit pays isolé du Pacifique, avec la population du Nouveau-Brunswick...

L'Indonésie de M. Saïd préconise aussi la vie dans les familles pendant au moins la moitié du programme, l'autre moitié mettant l'accent sur la vie de groupe : « Quand ils vivent ensemble, ils se nourrissent de sandwiches aux bananes ! Quelle horreur ! Ils vont dépérir vite vos jeunes Canadiens ! Dans les familles indonésiennes, il y a au moins du bon riz et du bon poisson ! »

Sylvia Muñoz des Philippines, tout feu toute femme, sait très bien ce qu'elle veut, ce qu'elle ne veut pas. Elle nous critique féroce, avec un sourire qui désarme, dévaste, fascine... Elle nous aura, c'est sûr... Elle le sait ! Un document en dix points, tout plein de petits *a* et de petits *b* ... Elle aime Jeunesse Canada Monde à mort... Elle veut que ça soit mieux, toujours mieux... Elle nous aura ! Ah ! Elle nous a !

55

Je ne crois pas fort aux conférences. Beaucoup de palabres. On s'aime bien. Tout le monde il est beau il est gentil. On visite la ville. On rencontre les ministres. Et puis on retourne chacun chez soi, gros Jean comme devant. Après avoir dépensé beaucoup d'argent ! Mais la petite conférence de Kuala-Lumpur, chapeau ! En quatre jours, on aura changé Jeunesse Canada Monde en profondeur. On repart les batteries rechargées à bloc. On fera encore des erreurs, c'est sûr... Sûrement pas les mêmes ![1]

22 mars

Avant de quitter la Malaysia, il faut au moins aller saluer nos participants, hélas ! assez loin perchés, là-haut, près de la frontière de la Thaïlande, dans la petite ville de Kota-Barhu. Avec Allen Wright et Pierre Renaud, j'irai y passer vingt-quatre heures. Ils nous attendent, entre deux chantiers, ensemble pour trois jours d'évaluation, le groupe de Gail McGee, solide fille de Vernon, C.-B., et celui de David Lane de Vancouver.

On invite tout le monde à un restaurant chinois... Le vrai pays pour ça ! Le *Chinatown* n'en finit plus ! Quarante pour cent des Malaysiens sont chinois. Les participants s'amènent l'un après l'autre, le bras gauche endolori. Ils sortent d'une clinique voisine où ils ont reçu une dose de rappel du vaccin contre le choléra. Donald Goss, garçon de Sydney au nez rouge pelé, petit nordique mal vu du soleil, emballé par la Malaysia, par toute l'Asie, veut faire le tour du monde... Comme je le comprends ! Johanne Leroux de Wotton, Québec, aussi bronzée que possible, bien dans sa peau brune : « On se retrouve, grâce à Jeunesse Canada Monde, — c'est formidable ! — à l'autre bout du monde, garçons, filles, étudiants, travailleurs, anglophones, francophones, on découvre les réalités du Tiers-Monde, on apprend à vivre ensemble, à ne plus se croire le nombril de la terre... Y aurait que ça ! » Continuent d'arriver,

---

1. Les conférences de l'Amérique Latine et de l'Afrique qui se sont tenues à peu près en même temps ont donné des résultats aussi positifs. Le monde est petit !

le bras lourd, Lorie Root de Dunnville, Ontario, Crystal Moon de Calgary, Heather Edgar de Renfrew, Ontario, Rachel Champagne de Sainte-Anne, Manitoba, Michael King de Summerland, C.-B., Carmen Séguin de Lively, Ontario, Rowland Riglin de Eston, Saskatchewan, Christopher Keller de Nord-Vancouver, Alcide Maillet de Saint-Louis-de-Kent, Nouveau-Brunswick, Réginald Bouchard, fils d'un bûcheron de Petite-Rivière-Saint-François, Québec... Il proteste « Pas Québec ! Charlevoix... » Il est plein de projets : « En revenant, je veux visiter tout le sacré Canada, d'un bout à l'autre... C'est facile : j'ai des amis partout qui m'attendent, d'Halifax à Vancouver, partout des frères, des sœurs... J'irai de l'un à l'autre, même à Yellowknife où nous avons eu un projet... » Le misérable ! Il est allé à Yellowknife avant moi ! André Beaudoin, enfin, de Black-Lake, Québec, vrai Malaysien brun foncé... Dans la foule bigarrée de Kota-Barhu, on pourrait s'y tromper. Un Québécois volubile enthousiaste fou, comme on les aime, raconte mille aventures, en vivra encore autant, infatigable, éveillé, le bon genre. Le seul du groupe qui a été malade, il me décrit son séjour à l'hôpital de Malacca : « Quelle expérience formidable ! J'hésiterais pas à recommencer ! Même si c'était moins drôle, la nuit, quand les vieillards agonisaient tout autour, dans la grande salle blanche. Le lendemain, les parents en larmes venaient chercher mes compagnons de la veille. Je passais mes journées à signer des autographes aux autres malades, aux belles infirmières. Ils me prenaient pour quelqu'un d'important parce que je venais du Canada... Quand même ! Ah ! ce qu'ils peuvent adorer le Canada, ces gens-là ! C'est incroyable ! Mais qu'est-ce qu'on leur a tant fait de bien ? Moi, j'avais toujours cru que le Canada était un pays bien ordinaire... L'autre jour, dans un journal anglais de Kuala-Lumpur, je lisais un grand article sur le Canada. On disait que c'était un vrai paradis. C'est drôle quand même... Ce qui n'est pas drôle du tout, c'est qu'il faudra bientôt s'arracher à la Malaysia, un peu beaucoup mon pays maintenant. Plusieurs du groupe voudraient rester encore, longtemps. Un jour, plus tard, on reviendra. Revoir nos amis, nos familles... Ma maladie ? Bah ! je sais pas ce que c'était exactement. Les médecins n'étaient pas d'accord … Au bout de quatre jours, ils se sont entendus pour me dire de m'en aller ! Jamais je n'oublierai cet hôpital … Quelle expérience ! Jamais je n'oublierai les beaux oiseaux qui venaient du dehors et volaient toute la journée par-dessus nos têtes. J'étais content, quand même, de retourner dans mon *kampong*, dans ma famille… Nos parents malaysiens sont extraordinaires. Ils nous adoptent ! J'ai père, mère, frères, cousines… Le premier jour, on est traité en roi, le deuxième en prince, le troisième, on fait partie de la famille pour de bon, le dernier jour on a envie de pleurer, des fois on pleure … »

Avec les participants, nous visitons une modeste fabrique de batik où ils travailleront durant les prochains jours. Gentille fabrique, ouverte aux quatre vents, toît de tôle ondulée, plancher en terre battue, deux douzaines d'artisans timides souriants… Ils se servent d'instruments rudimentaires, comme leurs plus lointains ancêtres, et ils font des merveilles. Nos participants sont déjà en pays connu. Alcide Maillet, petit Acadien bien tranquille, me montre son *T-shirt* bariolé… « C'était blanc, m'explique-t-il. Maintenant, c'est du pur batik ! Mais un Malaysien m'a un peu aidé pour le dos … » Dans le dos, il arbore un magnifique oiseau de légende …

Le soir, on se retrouve encore, toute la bande. Cette fois, les participants choisissent le restaurant. Une gargote minable qu'ils aiment beaucoup, presque en plein air… Trois, quatre bols de faïence en bordure du trottoir… Il est tard. Les bols sont presque vides… Reste la sauce… Un vieux Chinois racle le fond, arrose de sauce brune le riz déjà froid, déniche une tête de calmar par-ci par-là… Franchement, j'aime mieux Chez Bardet. Je n'oserais pas l'avouer devant ces jeunes Canadiens qui mangent de bon appétit, se pourléchant les babines, jusqu'au dernier grain de riz. On parle, on bavarde, on raconte… En français, en anglais, avec des mots malais partout… Le dernier chantier, le prochain, le séjour dans une île du paradis, l'expérience des rizières, de la plantation de caoutchouc, des jardins de melons, de la construction d'un chemin… Le travail sans cesse contrarié par la débordante hospitalité malaysienne… Les Canadiens ont du mal à accepter tant d'attentions, une gentillesse pareille, envahissante, infatigable, unique au monde ou presque... Une réception n'attend pas l'autre. Les visites officielles... L'accueil officiel... Les discours officiels... Tout le monde veut se surpasser... Du chef du village au sultan... Les chefs de district, les journalistes, les représentants du ministère de la Jeunesse, les organisations de jeunes... Restent jamais en place, nos participants ! On vous attend ici, on vous réclame là. Vite ! En route ! En train, en autobus, en jeep... Les participants crient grâce ! Ils comprennent que c'est un aspect de la culture malaysienne, que l'hospitalité a quelque chose de sacré dans ce pays. Ils voudraient seulement qu'on les oublie parfois, dans leur *kampong,* quelques jours d'affilée, dans la douceur de « leur » famille dont ils ne cessent de parler : « Ma mère est vraiment épatante... Pour préparer le poisson, y en a pas deux comme elle ! Mon grand-père est un vrai clown... Il nous fait rire tout le temps. Il m'a fabriqué un cerf-volant merveilleux, décoré à la main, une vraie fresque... » Les souvenirs se bousculent. Les bons surtout. Les autres, on en rit... « J'ai vu quinze serpents », dit l'Acadien... « Il a des serpents dans la tête ! » lance le gars de Charlevoix... « Moi, j'en cherche sans trouver, des serpents ! » dit Rowland. André le conteur raconte : « Tout est sensationnel, ici. La moindre chose... Par exemple, les barbiers... Au Canada, sont pas drôles les barbiers ! Ici, ils sont sensationnels ! On s'installe sur un tabouret, en plein air. La coupe de cheveux, c'est vite fait. Puis, le barbier arrache tout poil qui dépasse, poil par poil, dans les oreilles, le nez, sur les épaules... Il nous masse le crâne et le cou... Ça dure une heure et demie. Et ça coûte trois fois rien. Sensationnel ! » Il est onze heures du soir... André s'endort, ça se voit. Le premier, il décide d'aller se coucher à l'auberge de jeunesse, à l'autre bout d'un Kota-Barhu plongé dans une noirceur quasi absolue. Tu n'attends pas les autres ? « On nous a assez répété à Jeunesse Canada Monde que le programme nous aiderait à devenir des êtres autonomes et blablabla... Alors, moi, je m'entraîne ! » Et, en riant, le grand gars de Black-Lake disparaît dans la nuit épaisse...

23 mars

Retour à Kuala-Lumpur. Rédiger les rapports, faire les bagages ... En route pour les Philippines !

24 mars

A l'aéroport de Manille, un soleil éclatant, un sourire éclatant, celui de Sylvia Muñoz, dynamique, irrésistible, prête à bousculer tous les policiers, tous les douaniers pour arracher le président de Jeunesse Canada Monde à la foule. Flanquée d'Ida, la coordonnatrice philippine, et de Diana, la coordonnatrice canadienne, elle fait tout pour me convaincre de l'efficacité du régime matriarcal. Les hommes n'ont qu'à bien se tenir dans ce pays ! Je n'ose pas avouer que je souhaiterais me reposer cinq minutes. Avec Sylvia Muñoz, on ne discute pas ! Elle m'a préparé un programme très directif ... et me donnera congé dans deux ou trois jours, on verra ... Dès ce soir, tout de suite, souper mi-chinois mi-philippin avec tout le grand conseil de *RP – Canada World Youth*[2], une idée originale des Philippines. Dans aucun des autres pays pouvons-nous compter sur un organisme autonome, composé de citoyens influents et dévoués qui se dépensent sans compter pour assurer le succès du programme. Bien entendu, le *RP – Canada World Youth* est largement dominé par des femmes énergiques, intelligentes, efficaces ... On se réunit régulièrement, on discute Jeunesse Canada Monde, on organise la sélection des futurs participants philippins, on négocie les projets de travail avec les gouverneurs des provinces, on trouve l'argent nécessaire dans le public, au ministère, chez les gouverneurs, partout, on visite les groupes de participants, on supervise les séances d'évaluation, le follow up, etc ... Des femmes en or !

---

2. *RP* est le sigle familièrement utilisé pour désigner la République des Philippines.

25 mars

L'ambassadeur du Canada, M. Clark, vient partager le *bacon and eggs* à mon hôtel, dès huit heures le matin, pressé de parler de Jeunesse Canada Monde, de me dire le bien qu'il en pense, — puisse-t-il le dire aussi au ministre des Affaires extérieures ! — la publicité pour le Canada à la une des journaux, même le président Marcos a tenu à accueillir personnellement les participants en janvier dernier. Un ambassadeur très comme il faut, M. Clark. Détendu, jovial, passionné par les Philippines . . . On peut pas manger notre *bacon and eggs* tranquille. Tout le monde le connaît, le salue, le congratule . . .

Avec Sylvia, Ida, Diana, en route pour Bulacan. Aller voir un groupe de participants, mais d'abord saluer le gouverneur de Bulacan. Il nous invite à déjeuner avec tout son état major. On finit par arriver dans la grande école où habitent nos participants philippins et canadiens, le groupe heureux de Charles Kilfoil d'Edmonston, Nouveau-Brunswick. Ah ! ils ont bien changé depuis que je les ai vus il y a quatre mois, à Toronto ! Une vraie famille, maintenant, bien intégrée à Bulacan. Lucille Burry de Cornerbrook, Terre-Neuve, travaille à la boulangerie et dans le Club 4-H . . . Daniel Rondeau de Montréal est infirmier bénévole à l'hôpital . . . Les patients l'adorent, mais sa famille adoptive de Manille ne cesse de s'inquiéter. Elle lui écrit : « S'ils te traitent mal à Bulacan, faut nous le dire ! Et reviens vite ! » Erik Fuller de Watford, Ontario, et Rob Buscombe, ontarien lui aussi, s'agitent dans une petite laiterie locale . . . Danielle Potvin d'Alma, Québec, revient de sa rizière, me montre en riant ses jambes bronzées un peu abimées par les sangsues . . . « Que vont dire tes parents en te voyant aussi brune ? » lui demandent, inquiètes, les mères philippines avec qui elle travaille, parce qu'en ce pays c'est de bon ton d'être aussi pâle que possible . . . Herman Cool de Timmins, Ontario, Veronica Ardelian de Saint-Paul, Alberta, qui travaille aussi dans la rizière . . . Karen Kelly de West Hill, Ontario, les yeux clairs, spontanée, vivante : « Dans dix ans, dans vingt ans, ce que j'ai vécu ici me servira encore. En revenant au Canada, je m'impliquerai dans le développement international. Comment ? Je ne sais pas encore. Mais je fais partie du Tiers-Monde pour toujours...» Les participants philippins nous écoutent, plus secrets, plus timides peut-être, mais visiblement heureux. Au moins citer leurs doux noms pimentés d'Espagne : Paul Asiddao, Lazaro Belgica, Edgardo Sabile, Edgar Rosero, Yvonne Arevalo, Helen Cruz, Josette Panlilio... Comme j'aimerais connaître un peu mieux ces filles et ces garçons auxquels je pense sans cesse mais que je ne puis qu'entrevoir, le temps d'un café, avant de repartir vers d'autres tâches. Aujourd'hui, c'est Sylvia Muñoz qui décide ! Allez ! En route ! Vers Rizal, vers d'autres participants, à trois ou quatre heures de Volkswagen...

Rizal, c'est le pays de Marcel et de Vickey. Marcel Lebœuf de Shawinigan, Québec, et Vickey Quiday de Manille. Ils nous montrent, fiers, les cages à lapins qu'ils ont fabriquées à la douzaine, en bambou, de vrais chefs-d'œuvre. Aujourd'hui pour cent lapins, demain pour mille... Les participants sont tous devenus des experts en lapins, en bambou... Ils construisent des remises en bambou, des étables, des ateliers... Craig MacWilliams de Sault-Sainte-Marie, Ontario, sait mille trucs en bambou... Debbie Splett aussi qui en plus fait la récolte des mangues... Marie-Paule Garand de Saint-Chrysostome, Québec, spécialiste des rizières... Dave Hefferman de Mississauga, Ontario, travaille à l'école d'agriculture de Rizal avec Jerry Hinbest de New-Lowell, Ontario, et Monik Saint-Pierre de Saint-Bruno, Québec... Monik travaille aussi aux champs avec « sa » famille philippine... Diane Coers, élégante blonde de Port-Colborne, Ontario, récolte les *camotes*, les mangues, coupe les bambous, participe aux corvées de sa famille adoptive... On en apprendrait des choses, si on avait le temps ! Mais Sylvia Muñoz s'impatiente gentiment, la Volkswagen trépigne, Manille attend au bout de la route, deux heures, trois heures... Nous serons en retard à la réception de l'ambassadeur du Canada, le riz sera froid... Sylvia Muñoz trouvera bien une excuse !

8 heures 30. Entrevue avec le ministre de l'Education, M. Manuel, vieil homme doux aux cheveux tout blancs. Il nous aime bien... Veut que ça continue... Café, gentillesses, photos... En route! Non. Sylvia Muñoz a organisé une réunion de *RP — Canada World Youth*, où je dois raconter en détail la conférence de Kuala-Lumpur, toutes les graves résolutions, tout, tout... Quoi qu'il en soit, le protocole de l'an IV est déjà prêt, là devant moi, en dix points, pleins de petits *a*, de petits *b*... Sylvia Muñoz a passé par là! Je signe! Ça y est! Jeunesse Canada Monde reviendra aux Philippines!

Vers une heure, départ en direction de Batangas, à l'autre bout de l'île, où il y a encore un autre groupe de participants. Quatre heures de route, pas toujours bonnes. Nous traversons des villages fleuris de bougainvilliers roses et de beaux enfants rieurs, par des chemins encombrés de *jeepneys*, ces curieux minuscules autobus fabriqués avec de vieilles jeeps américaines du temps de la guerre, enjolivées, décorées, croulant sous les drapeaux, les fleurs, les « accessoires », bourrées de monde... Ah! les jolies petites villes, encore un brin espagnoles, propres comme la cuisine de ma mère, on pourrait manger par terre... Des milliers de furieux balayeurs attrapent à mesure feuilles mortes, noyaux de mangue, mégots de cigare... Arrivons enfin devant une autre école envahie par nos participants, le groupe de Melany Dyer et de Silvino Santos.

Je suis accueilli par un « Woh! » déjà connu, entendu jadis au Labyrinthe, le jour même de l'inauguration. C'est le « Woh! » de Christine Tilman de Châteauguay, Québec,[3] dix-sept ans, un peu toujours comme si elle sortait d'une boîte à surprise. Pendant le grand machin du 13 décembre, au Labyrinthe, elle était guide de Pierre Elliott Trudeau... *Woh!* Il a

---

3. Oui, je vais encore une fois nommer tous les participants canadiens! Ça me paraît un bon moyen d'illustrer les vertus de notre système de sélection... et tout le monde sait que plus un auteur cite de noms dans un livre, plus il en vend!

pas dû s'embêter ! Je partage le riz et la fricassée des participants. Richard Keshen de Toronto, Marc Poirier de Shawinigan, Québec, Joan Garbig de Don Mills, Ontario, Gail Olrer
de Saskatoon, Beverly Anger de Dunnville, Ontario, Maurice
Pelletier, Acadien de Saint-François, Nouveau-Brunswick... Ils
racontent leur vie dans les familles philippines, la pêche, les rizières, les bananeraies, leur implication dans l'opération Tim-
bang, un programme gouvernemental qui consiste à peser tous
les enfants du pays jusqu'à l'âge de six ans. Il fallait déceler les
mal-nourris, les transporter à l'hôpital, les suralimenter pour
qu'ils ne meurent plus... Une participante intense et tourmen-
tée reproche à Jeunesse Canada Monde de ne pas lui avoir assez expliqué le Tiers-Monde pendant le camp de formation, au
Canada. Elle a raison, sans doute, mille fois raison, on fera
mieux l'année prochaine. Mais je ne puis m'empêcher de lui
dire qu'elle a compris les problèmes des pauvres du monde
bien mieux que moi, elle qui a vu, touché, pesé cent, deux
cents enfants rachitiques, parfois à quelques bols de riz de la
mort. Si tous les hommes d'Etat des pays riches avaient vécu ce
qu'elle a vécu au cours des derniers mois, l'ordre du monde
pourrait être changé, tout de suite... Pendant qu'il est temps.
Ils auraient tout compris d'un coup !

27 mars

En ouvrant l'œil, vrai automate, je regarde inquiet l'horai-
re préparé par Sylvia Muñoz. Ah ! juste une ligne, en majuscu-
les énergiques : « AT MR. HEBERT'S DISCRETION ... » Je
me rendors, savourant mes premières heures de vraie liberté
depuis un mois. Je me réveillerai demain ... Ou plus tard !

5

Le Tiers-Monde dans son cœur

5 avril

Oui, on a souvent dit que le but, « d'ailleurs très louable », de Jeunesse Canada Monde était le développement personnel accéléré des jeunes Canadiens et des jeunes des pays participants. Ce n'est pas un but, c'est une conséquence merveilleuse et inévitable du programme !

Si Jeunesse Canada Monde avait un but unique — il en a plusieurs, on lui en trouve de nouveaux tous les jours ! — ce serait d'être un agent efficace de sensibilisation au problème du développement international. C'est évidemment ce qui justifie, pour une part, l'appui que lui apporte l'ACDI.

Depuis le premier jour du camp de formation jusqu'à la fin du programme huit mois plus tard, tout est mis en œuvre pour intéresser les participants à ce problème, le plus fantastique que le monde ait jamais eu à affronter. Le plus urgent aussi puisqu'il met en cause la survivance même de l'humanité. Rencontres avec des experts en développement, études des documents les plus récents, recherches personnelles, discussions au niveau des groupes, confrontation des points de vue des participants canadiens et des participants des pays d'échange, expériences pratiques en développement communautaire, chantiers de travail dans un pays du Tiers-Monde . . .

Au Canada, pendant quatre mois, les participants feront l'apprentissage de techniques que les pays d'échange auront jugées utiles à leur développement : irrigation, agriculture, industrie, coopérative, communication, etc... Il arrive qu'ils soient intégrés à des projets de développement communautaire, dans des réserves indiennes ou dans d'autres milieux défavorisés... et qu'ils se sensibilisent aux réalités du sous-développement dans notre pays même !

Pendant les quatre mois dans les pays d'échange, les participants s'impliquent directement dans des projets de développement, souvent au niveau des villages, où les besoins sont le plus aigus. On construit une école de brousse, un terrain de jeu pour les enfants, un chemin vicinal, des installations sanitaires... Rien de spectaculaire. Ce qui est spectaculaire vraiment, c'est la prise de conscience des jeunes participants. Jamais ils n'oublieront telle petite école péniblement construite, avec des moyens de fortune, par des chaleurs de plus de 100°F. Pour chacun, cette humble construction en blocs de ciment ou en *adobe,* c'est la base d'un monde plus fraternel que les hommes de tous les pays devront apprendre à bâtir ensemble... De toute urgence !

De retour au pays, les jeunes Canadiens ne veulent plus vivre comme ils vivaient avant... *Avant de savoir !* Peu d'entre eux deviendront des super-consommateurs, motivés par le désir de gagner de l'argent, de dépenser de l'argent... Ils ont au moins compris que les pays riches ne peuvent continuer de consommer toujours de plus en plus quand les quatre-cinquième des hommes de la terre sont des pauvres qui consomment de moins en moins d'une année à l'autre, alors que leur nombre va croissant.

Une proportion étonnante de nos anciens participants canadiens sont retournés à l'école qu'ils avaient pourtant définitivement quittée. Pas par amour de l'école, mais parce qu'ils se découvraient un besoin nouveau d'agir sur la société, d'acquérir les connaissances et les techniques nécessaires à l'efficacité de leur action... Certains ont changé radicalement d'orientation professionnelle pour être plus directement utiles au développement. Nos plus anciens participants sont encore jeunes :

les « 16 à 20 ans » de l'An I ont maintenant de 20 à 24 ans. On ne peut pas leur demander déjà de postuler la présidence de l'ACDI ! Mais on sait que plusieurs de ces jeunes veulent faire carrière dans le développement communautaire au Canada ou dans le cadre d'agence de coopération technique et de programme de développement international. Riche pépinière où ces organismes pourront trouver des candidats d'un type nouveau, possédant une expérience interculturelle essentielle à ce genre d'action et qui trop souvent manque aux « experts » que nous envoyons à l'étranger.

L'effort de sensibilisation au problème du développement ne porte pas que sur les quelques 2,200 jeunes qui ont vécu Jeunesse Canada Monde jusqu'à ce jour. (Ce qui déjà ne serait pas si mal !) Au cours des quatre dernières années, plusieurs centaines de villes et de villages canadiens des dix provinces et même des Territoires du Nord-Ouest ont participé à l'expérience de Jeunesse Canada Monde en accueillant nos petits groupes de base composés de sept ou huit jeunes Canadiens et de sept ou huit jeunes Ivoiriens, Indonésiens, Salvadoriens... Pendant des périodes d'au moins six semaines, ces groupes d'une quizaine de jeunes se seront intégrés dans les communautés par le travail, les rencontres, les discussions, les fêtes folkloriques... Un groupe qui s'intéresse aux coopératives de pêche s'intègre rapidement dans un village de pêcheurs du Pacifique ou de l'Atlantique.

Dans les petites villes et les villages, nos participants ont souvent réussi à créer un impact considérable, à enthousiasmer toute une population pour quelque lointain pays dont elle n'avait parfois jamais entendu parler. On a pu avoir été saturé de propagande en faveur du Tiers-Monde sans avoir rien compris avant le jour où un jeune Gambien est venu s'asseoir à la table familiale et parler de son petit pays jusqu'à tard dans la nuit. On échange, on se confronte, on se comprend, on s'aime un peu... On s'écrira ! Il arrive même que des personnes-contacts, ayant aidé Jeunesse Canada Monde à organiser un projet de travail dans une communauté, fassent des économies (ou profitent d'une souscription publique !) pour aller visiter

« leur » groupe, pendant la deuxième moitié du programme, dans quelque pays du bout du monde. Ils rapporteront des diapositives pour l'édification de ceux qui n'ont pas pu se payer le voyage...

Quand on évalue l'action de Jeunesse Canada Monde en ne pensant qu'aux deux mille deux cents jeunes qui en ont profité directement au plan de leur propre sensibilisation, on n'aperçoit que la pointe de l'iceberg. Il faut aller voir ce qui s'est passé dans les communautés canadiennes et dans les familles où ont vécu nos participants. Il faut aussi évaluer l'action de sensibilisation exercée sur les deux mille deux cents familles de ces jeunes, sur leur deux mille deux cents villages ou villes, sur leur deux mille deux cents écoles, souvent alimentées en nouvelles et en photos pendant les huit mois du programme. Des centaines sinon des milliers d'articles ont déjà paru dans les journaux locaux, saluant la présence d'un groupe, décrivant nos chantiers, annonçant le départ de tel garçon du coin pour un pays extraordinaire appelé le Sénégal, donnant ensuite la parole à celui ou à celle qui revenait de si loin et qui avait tant à dire sur l'Afrique, ses efforts de développement, la responsabilité d'un pays comme le Canada, etc...

Voici quelques manchettes de journaux qui donnent une faible idée de l'intérêt soulevé par Jeunesse Canada Monde dans les communautés canadiennes :

DES INDONESIENS ET DES CANADIENS APPRENNENT ENSEMBLE
(*Comox District Free Press*, 31 mars 1976)

DELEGATION DE LA COTE D'IVOIRE A VALLEYFIELD DANS LE CADRE DE JEUNESSE CANADA MONDE
(*Le Soleil du Saint-Laurent*, 1er octobre 1975)

DES CANADIENS ET DES HAITIENS SEJOURNENT A WEST PRINCE POUR SE FAMILIARISER AVEC LA CULTURE DE LA POPULATION DU DISTRICT
(*Charlottetown Guardian*, I.P.E., 7 octobre 1975)

DANS LA REGION DE KIRKLAND LAKE JEUNESSE CANADA MONDE ENCOURAGE LA COMPREHENSION
(*Northern Daily News*, Kirkland Lake, 17 avril 1976)

DES JEUNES GUATEMALTEQUES ETUDIENT L'AGRI-
CULTURE ICI
(*Vernon News*, 27 septembre 1975)

LE SPECTACLE DE JEUNESSE CANADA MONDE FAIT
SALLE COMBLE
(*Meadow Lake Progress*, Meadow Lake, Sask., 22 octobre 1975)

JEUNESSE CANADA MONDE AIDE LES PROJETS
D'ABBY
(*Abbotsford, Sumas & Matsqui News*, 19 novembre 1975)

GRACE A JEUNESSE CANADA MONDE, 35 TUNISIENS
DANS LA REGION
(*Journal de Québec*, Saguenay-Lac-St-Jean, 29 août 1975)

LES PARTICIPANTS DE JEUNESSE CANADA MONDE
APPRENNENT DES TECHNIQUES UTILES POUR LEUR
PAYS D'ORIGINE
(*The Lethbridge Herald*, 20 novembre 1975)

DES JEUNES DU SRI-LANKA APPRECIENT BEAUCOUP
LEUR EXPERIENCE DANS LA REGION
(*Delhi News Record*, 8 octobre 1975)

UN CAMP QUI UNIT LE CANADA ET LE TIERS-MONDE
(*The Toronto Star*, 24 septembre 1975)

LES PARTICIPANTS DE JEUNESSE CANADA MONDE
SONT TRES ACTIFS DANS LA COMMUNAUTE
(*Yukon News*, 19 novembre 1975)

INDONESIENS ET CANADIENS TRAVAILLENT ENSEM-
BLE A PLUSIEURS PROJETS MUNICIPAUX
(*Kamloops Daily Sentinel*, 2 décembre 1975)

DES MALAYSIENS CONTRIBUENT AU FESTIVAL DES
MINEURS DE COBALT
(*Nugget*, North Bay, 2 août 1975)

JEUNESSE CANADA MONDE MET L'ACCENT SUR LE
DEVELOPPEMENT INTERNATIONAL
(*Journal Record*, Oakville, 5 février 1975)

ECHEVIN ANDY BLOMBERG : LE GROUPE DE JEU-
NESSE CANADA MONDE A ACCOMPLI UN TRAVAIL
CONSIDERABLE
(*Herald*, Merritt, B.C. 17 octobre 1973)

18 JEUNES VIVENT ET TRAVAILLENT A LA RESERVE
DES INDIENS BLOOD
(*Kainai News*, Standoff, Alberta, 28 novembre 1975)

JEUNES CANADIENS DEBORDES PAR L'HOSPITALITE
DE LA MALAYSIA
(*St-Catherine Standard*, 31 mai 1974)

RENTRES AU PAYS, ILS SONT FIERS DU TRAVAIL AC-
COMPLI AU GUATEMALA
(*La Presse*, Montréal, 11 mai 1976)

UNE FILLE DE BARRIE A VECU LA VIE DU TIERS-
MONDE
(*Barrie Banner*, Barrie, Ontario, 31 mars 1976)

Et je pourrais continuer ainsi pendant des pages . . .

Ceux-là même qui acceptent d'emblée que Jeunesse Canada Monde joue un rôle efficace (et unique) de sensibilisation
en profondeur aux problèmes du développement hésitent parfois à croire que le programme puisse être aussi bénéfique aux
participants des pays d'échange qu'aux jeunes Canadiens. On a
peur de la réaction de jeunes Africains ou de jeunes Asiatiques
appelés à vivre pendant quatre mois dans notre béate société
de consommation. Comme s'il était encore possible de cacher
aux pauvres du monde que, dans ce pays, on vit trop bien
alors que dans la plupart des autres on vit trop mal ! Qu'on se
rassure ! Tout se sait très vite dans notre « village global »! Ce
qui protège nos participants étrangers de l'envie, de l'écœure-
ment ou de la révolte, c'est qu'ils font leur expérience canadienne avec des jeunes Canadiens eux-mêmes déjà au bord de
la révolte contre l'égoïsme, le gaspillage, l'injustice, la pollution,
tristes symboles d'une société en pleine décadence. Le choc est
parfois rude, comme le sera celui des jeunes Canadiens con-
frontés brusquement avec la misère extrême d'un petit village
du Sri-Lanka ou d'Haïti. Vécus dans l'atmosphère fraternelle
du groupe, ces chocs n'entraînent guère de catastrophes. Ainsi,
par exemple, des quelques mille jeunes étrangers qui ont fait
un séjour au Canada dans le cadre de Jeunesse Canada Monde, ceux qui ne sont pas retournés ensuite dans leur pays se
comptent sur les doigts de la main. Voilà qui nous change de
ces étudiants étrangers qui, après des études universitaires
payées par leur gouvernement ou le nôtre, sont demeurés au
Canada en quête d'une vie plus facile, d'un revenu dix fois

plus élevé, alors que leur pays avait un besoin angoissant de médecins, d'ingénieurs, d'agronomes, d'infirmières ...[1]

Oui, plusieurs de nos participants des pays d'échange ont avoué avoir éprouvé de sérieuses tentations, souvent alimentées sans arrière-pensée par des amis canadiens qui leur offraient du travail. En y résistant, ils rendent un bel hommage à Jeunesse Canada Monde ... qui n'est pas une école ordinaire puisqu'elle apprend aux uns et aux autres à aimer leur propre pays tout en appréciant les valeurs de l'autre, à se plonger totalement dans une culture différente pour mieux découvrir la leur propre, à prendre conscience *ensemble* des réalités du développement. Ah ! je m'épuiserais à citer les témoignages de ces participants qui nous disent : « Oui, à un moment ou l'autre, j'ai eu envie de rester au Canada ... Oublier les misères des miens et vivre comme vous vivez ... J'en ai même discuté franchement avec mon groupe ... Puis, j'ai compris que mon devoir c'était de retourner dans mon pays, de le faire profiter de l'expérience acquise à Jeunesse Canada Monde, de l'aider dans la mesure de mes forces à sortir de son sous-développement ... »

Pour mieux répondre à leurs attentes, à leurs priorités nationales, Jeunesse Canada Monde s'est mis sérieusement à l'écoute des pays d'échange. A répondre par exemple à leur intérêt pour l'apprentissage technique. Nos interlocuteurs étrangers sont parfaitement d'accord avec les résultats des plus évidents du programme : sensibilisation aux problèmes du Tiers-Monde et développement accéléré de la personnalité. Le sens de l'initiative, de l'autonomie, l'esprit de coopération, le leadership que les participants acquièrent de façon remarquable en huit mois. Mais à cela, qui est déjà bien, ils voudraient ajouter une dimension plus pratique, tant ils sont avides d'acquérir nos connaissances techniques, prétendues essentielles au développement de leur pays. A un ministre africain qui m'exposait ce point de vue, j'avais envie de répondre : « Ne trouvez-vous pas

---

1. Au Canada, on compte une infirmière pour 500 habitants. En Inde, une pour 100,000 ...

que nos sacrées techniques ont occasionné assez de gâchis dans nos pays industrialisés où tous les cours d'eau, les lacs, les plages sont empoisonnés, où l'air est pollué, où les sources d'énergie s'épuisent à un rythme catastrophique ? Faut-il vraiment que vous refassiez toutes nos erreurs ? » Je ne l'aurais sans doute pas convaincu... D'autant moins que les pays industrialisés, par sottise ou par calcul, continuent de dire aux pays du Tiers-Monde qu'ils doivent « s'élever » le plus possible au niveau des pays industrialisés, qui eux-mêmes continueront à s'industrialiser davantage. Quelle aberration ! On sait pertinemment bien que les ressources du monde sont comptées alors que la population du globe continue de s'accroître à un rythme effrayant ! La seule solution, c'est d'élever le niveau de vie de ceux qui n'ont pas assez, tout en réduisant celui de ceux qui ont trop. C'est là qu'il faudra en venir tôt ou tard ! Souhaitons que ce ne soit pas trop tard...

En attendant, les pays riches continuent à donner et surtout à vendre des machines à polluer et du coca-cola au Tiers-Monde tout en commençant, chez-eux, à dépolluer l'air et les cours d'eau et à préconiser une alimentation plus naturelle ! C'est Gandhi qui disait, en parlant des pays colonialistes : « Certes, ils nous ont beaucoup volé, mais ils nous ont peut-être fait plus de mal par ce qu'ils nous ont apporté que par ce qu'ils nous ont pris ! »

Par bonheur, la plupart des sociétés du Tiers-Monde ont conservé leur ancien souci d'harmoniser l'homme avec son milieu. Lors du dernier colloque sur la négritude, M. Assane Seck donnait un exemple éclatant de ce souci : « Quand les forgerons de Basse Casamance, disait-il, eurent l'idée de ferrer le bout de la pelle en bois qui servait à la culture, la collectivité diola, bien que tout de suite convaincue de l'efficacité du nouvel instrument, ne l'accepta que lorsqu'elle fut assurée que son emploi n'entraînerait aucun déséquilibre fâcheux ni dans le sol ni dans le milieu social. C'est alors seulement que la société l'intégra dans le patrimoine général. Le souci de l'harmonie est l'un des éléments les plus précieux de notre héritage culturel. »

« Il y a là une démarche culturelle fondamentale, qui est malheureusement perdue en Europe et aux Etats-Unis (il oublie le Canada !) depuis des siècles, et qui devient aujourd'hui essentielle pour la survie de nos civilisations et pour une conception humaine du développement dont l'objectif majeur est de permettre l'épanouissement de l'homme en harmonie avec le milieu où il vit. »[2]

Il n'en reste pas moins que les pays en voie de développement ont besoin de *techniques intermédiaires*[3] pour améliorer la qualité de la vie de leurs populations. C'est dans ce sens-là que Jeunesse Canada Monde essaye de répondre aux attentes légitimes des pays d'échange en offrant à leurs participants des stages dans des coopératives agricoles, des petites entreprises industrielles, des fermes laitières, des organismes de développement communautaire, des centres de pisciculture, des petits hôpitaux, des chantiers d'irrigation, etc...

Dans certains cas, quelques cours théoriques viendront appuyer l'apprentissage lui-même. Mais après quatre mois, on ne reçoit pas de diplôme... sauf le petit certificat-maison qui, *pour l'instant,* n'a pas de valeur au plan académique. Par contre, ces expériences pratiques vécues par nos participants ressemblent fort à ce que préconisent de plus en plus les éducateurs d'avant-garde. Comme l'écrivait Paul Goodman : « La compétence technique requise d'un ouvrier spécialisé ou semi-spécialisé et de la moyenne des techniciens peut s'acquérir par un apprentissage de trois semaines à un an, sans être allé à l'école. »

A cause du mauvais exemple que nous avons donné et continuons de donner aux pays du Tiers-Monde, ils ont fini par croire, eux-aussi, qu'il fallait sans cesse prolonger la scolarité et offrir des études interminables au plus grand nombre de citoyens possible, ce qui est évidemment un incroyable gaspillage.

2. Paul Garaudy, *Présence africaine,* mars 1974.

3. Lire à ce sujet l'excellent petit livre de E.F. Schumacher, *Small is Beautiful — A Study of Economics as if People mattered,* Abacus, Londres, 1974.

Ainsi, des jeunes qui font un apprentissage, sans étude ni expérience préalable, dans une clinique médicale ou un petit hôpital rural au Canada peuvent rendre des services inestimables quand ils retournent dans leur village des Philippines ou de la Côte d'Ivoire... Ils ne seront peut-être jamais médecins, ni même infirmiers. Mais ces modestes « travailleurs médicaux » répondront à des besoins plus fondamentaux que les médecins eux-mêmes qui, sauf exception, s'installent dans les grandes villes et fuient comme la peste les villages de leur pays où pourtant les besoins sont tellement plus grands. « Les médecins latino-américains, écrit Ivan Illich, vont se former à l'hôpital de chirurgie spéciale de New-York : cela ne leur servira que pour un tout petit nombre, alors que la dysenterie amibienne reste endémique dans les taudis où vivent 90% de la population. »

Au cours du programme, petit bénéfice marginal, les participants des pays d'échange pourront apprendre le français ou l'anglais, ou les deux s'ils le veulent vraiment. De plus en plus Jeunesse Canada Monde met l'accent sur l'apprentissage des langues au niveau des groupes où, normalement, doivent s'enseigner trois langues : l'anglais, le français et la langue du pays d'échange. C'est essentiel au bon fonctionnement des groupes et c'est un acquis au plan culturel.

Bon. Voilà ! C'est entendu, Jeunesse Canada Monde apporte certainement quelque chose aux jeunes Africains, Asiatiques et Latino-américains ! Une contribution valable au développement international. Mais encore, que faisons-nous de vraiment concret dans les pays eux-mêmes ? que bâtissons-nous ? que laissons-nous après notre départ ?

A ce chapitre, nous sommes parfois victimes d'une conception dépassée du développement. On a déjà trop bâti dans le Tiers-Monde d'édifices prestigieux et peu utiles, si ce n'est à flatter la vanité de certains chefs d'Etat qui embellissent leur capitale au détriment des villages primitifs où croupit la masse de la population. Et c'est notre propre vanité que nous flattons quand nous allons inaugurer quelque majestueux collège,

« avec tout le confort moderne », qui servira aux seuls fils de notables. C'est notre propre folie des grandeurs qui s'exprime dans ces hôpitaux extravagants pouvant accueillir cent cinquante malades alors que des millions d'autres auraient besoin de cliniques de brousse, peu coûteuses, où de simples « travailleurs médicaux », sans diplôme et sans rayons X, feraient des miracles. On s'intéresse aux grands barrages, mais on hésite à construire de modestes puits dans des villages où il n'y en a pas. « Pour chaque dollar consacré à fournir de l'eau, dit Ivan Illich, on sauverait cent vies ».

Dans leurs pauvres chantiers des pays d'échanges, les participants de Jeunesse Canada Monde n'ont ni les moyens ni les connaissances techniques qu'il faudrait pour sombrer dans le grandiose. Ils œuvrent donc au plus bas niveau du développement, dans les villages, là où ça risque le moins de paraître, mais là justement où devrait porter d'abord tout effort de développement.

Aux Iles Fidji, j'ai vu un groupe de participants travailler, dans le cadre d'un programme gouvernemental, à la construction d'installations sanitaires rudimentaires : un trou creusé dans le sol, une toilette en ciment, coulée sur place, un édicule en bambou coiffé de paille ou de feuilles de palmier... Trois fois rien ! Pas la peine de venir de l'autre bord de la terre pour faire ça ! N'empêche que ces petits villages fidjiens avaient été privés de ces installations si simples pendant des siècles. Au cours des prochaines années, il y aura moins d'épidémies. Trois fois rien !

Nos participants ont construit de petites écoles, après en avoir fait eux-mêmes les briques, dans des villages de la Gambie. Un petit centre pour les jeunes quelque part en Côte d'Ivoire. Un bout de chemin nécessaire dans l'Ouest-Java. Des étangs pour la culture des poissons dans des *kampongs* de Malaysia. En Colombie, ils ont aidé à transformer un ancien monastère en centre d'accueil pour quatre cents *gamines* de Bogota. Ils y ont creusé une piscine. En Haïti, ils se sont associés à des projets de développement communautaire. Et caetera...

La liste serait longue, mais on n'y trouverait ni grands barrages, ni ponts suspendus, ni centrales atomiques !

Les modestes réalisations de Jeunesse Canada Monde n'ont pas toujours des effets d'entraînement aussi visibles que dans le cas de Kagnobon, au Sénégal... Revenant d'un séjour de quelques semaines dans ce pays où il accompagnait une équipe de l'Office National du Film qui a tourné un documentaire sur Jeunesse Canada Monde[4], Gilles Latour, notre coordonnateur à l'information, nous raconte sa visite aux villages de Sinker Diola et de Kagnobon : « Sinker Diola est un village traditionnel de quelque mille habitants au sud de la Casamance, dans la partie ouest du Sénégal, à une vingtaine de kilomètres de la frontière de la Guinée Bissau ; dans la lumière éclatante de l'après-midi, brillent les toits de chaume érigés librement sous les cocotiers, les baobabs et les fromagers immenses.

« Vers le centre du village, le groupe de Louise Lacharité et d'Alphonse Bâ nous reçoit avec enthousiasme dans leurs deux cases spacieuses... Robert Leblanc, le coordonnateur, apporte le courrier ; les participants s'absorbent aussitôt dans la lecture des lettres tant attendues et, tout visiteurs que nous sommes, nous nous retrouvons seuls au milieu d'un groupe d'enfants encore étonnés de cette nouvelle arrivée d'étrangers : Sinker Diola est un village très isolé, au bout d'une piste de sable, tout à fait à l'écart des routes tracées.

« Le chef du village nous rencontre sous « l'arbre à palabres ». Les présentations sont faites par Alphonse, l'agent de groupe sénégalais. Les villageois sont en majorité d'ethnie diola ou mandingue, avec quelques familles d'origine guinéenne. Alphonse, un Peul, en plus de sa langue maternelle, parle ouolof et le français, mais doit recourir aux services d'un interprète, signe de la grande diversité ethnique et culturelle du Sénégal. Le chef nous souhaite la bienvenue et nous expose les problèmes de son village, les initiatives prises pour les régler, la

---

4. Ce documentaire d'Ian Mc Laren est maintenant disponible dans les bureaux régionaux de l'O.N.F. Comme par hasard son titre est : « La Terre est ronde »...

bananeraie récemment créée par les jeunes du village, comment les participants de JCM ont été intégrés à ce projet de développement local sur lequel on fonde beaucoup d'espoirs. Il nous dit que les jeunes Canadiens sont ses enfants et qu'à chaque heure du jour et de la nuit, il s'inquiète de leur état comme il le fait pour ses propres enfants...

« Les participants sont à Sinker depuis trois semaines et commencent à s'ajuster aux conditions très simples et assez dures de leur installation. L'approvisionnement est à plusieurs kilomètres de marche ; on cuisine sur le feu, dans la cour, et la chaleur est écrasante. Mais aussitôt les lettres lues, chacun a des anecdotes, des expériences à raconter, toutes plus extraordinaires les unes que les autres. Le *cancouran,* être fabuleux couvert d'écorce, parcourt le village en faisant sonner les lames de ses coutelas, proférant des cris effrayants, suivi des enfants mâles récemment circoncis qui traversent en ce moment leur période d'initiation. Les femmes et les incirconcis doivent disparaître aussitôt qu'apparaît l'être terrifiant...

« Tous les matins, le groupe travaille dans la bananeraie à l'arrosage qui se fait à la main. Robert Leblanc et Ababacar N'diaye, coordonnateurs, discutent avec le chef du village des possibilités d'obtenir une subvention (pour équiper le chantier de pompes) à partir de la caisse des petits projets de l'ACDI à l'ambassade canadienne de Dakar.

« Les possibilités dans ce sens sont d'autant plus intéressantes que les coordonnateurs de Jeunesse Canada Monde ont servi d'agents pour obtenir une subvention semblable afin de compléter le Foyer des jeunes de Kagnobon à la construction duquel des groupes JCM participent depuis trois ans. L'ambassadeur canadien, Son Excellence Jean Chevrette, a visité le projet de Kagnobon avec Norman Houle, agent de l'ACDI à l'ambassade de Dakar, et Gabriel Lessard, vice-consul. Ils en sont revenus enthousiasmés et ont consenti une subvention d'un million de francs CFA ($5,000) qui permettra de finir le centre qui portera désormais le nom de *Place Jeunesse Canada Monde*... »

Une Place Jeunesse Canada Monde en pleine brousse, à quatre cents milles de Dakar... Quand même, ça fait plaisir !

La présence de ces petits groupes de participants canadiens qui, avec leurs camarades du pays d'échange, travaillent dans toute la mesure de leurs forces à améliorer la vie d'un petit village, remplit une autre fonction, essentielle aux bons rapports qui doivent exister entre le Canada et les pays du Tiers-Monde. Comme l'exprimait un ministre tunisien : « Cette présence de vos jeunes, leurs efforts, leur bonne volonté, donnent un *visage humain* à la coopération entre nos deux pays. On rencontre vos hommes politiques, vos techniciens, mais la présence de vos participants dans nos villages, c'est autrement symbolique... »[5] La chose la plus difficile au monde, c'est d'aider les autres, de donner sans se faire haïr... Il n'est pas nécessaire d'avoir beaucoup voyagé pour se rendre compte du mépris qui souvent accueille l'aide au développement offerte par certains pays industrialisés. Il faut voir comment on parle des *gringos* en Amérique latine où pourtant les Américains ont englouti, pas toujours judicieusement, des milliards de dollars. Il n'y a qu'une façon acceptable de donner et c'est en payant de sa personne, en offrant un « visage humain » à la coopération technique, à l'aide économique... Et si c'était là la seule contribution de Jeunesse Canada Monde, elle justifierait cent fois les subventions qu'on lui accorde !

Je parle, je parle, incroyable bavard... Ce n'est plus une lettre, c'est un torrent, une cataracte, les chutes Niagara ! Ça déborde de partout ! Faut comprendre que des lettres comme ça j'en écrirai pas tous les jours... Alors, je veux rien oublier d'important... En profiter à mort !

En profiter, par exemple, pour refiler quelques petites idées sur ce que pourrait devenir Jeunesse Canada Monde si j'étais le gouvernement... Oui, on dira que je suis un peu fou.

---

5. « Pour coopérer, écrit Tahar Ben Jelloun, il faut être deux, deux différences, sans qu'aucune ne se juge supérieure à l'autre. Il faut qu'il y ait échange. Or dans les structures actuelles, il n'y a pas d'échanges possibles, parce qu'au fond, l'action culturelle de la civilisation occidentale ne les a pas prévus et ne s'y intéresse pas. » (*Ethnopsychologie*, Paris, 2 mars 1973.)

Dans bien des pays, les jeunes doivent donner une année, parfois deux années de leur vie pour le service militaire. Dieu merci, les jeunes Canadiens ne sont pas victimes d'un pareil gaspillage de temps et d'argent. Ce qui n'empêche pas le Canada de consacrer une part très considérable de son budget aux dépenses militaires.[6] Alors, pourquoi serait-il fou de penser qu'un pays aussi riche que le nôtre ne pourrait pas mobiliser sa jeunesse, se payer plusieurs milliers, plusieurs dizaines de milliers de volontaires pour la paix ? Pourquoi tous les jeunes Canadiens de 17 à 20 ans qui le voudraient et qui auraient les qualités requises ne pourraient-ils pas avoir le droit de participer au programme de Jeunesse Canada Monde pendant un an ? Et pourquoi les ministères de l'éducation ne reconnaîtraient-ils pas la pleine valeur académique de cette année de super-école ?

Imaginons un peu quelle allure aurait le Canada après une pareille révolution culturelle, quand ces jeunes prendraient en main notre société ! Imaginons le rôle extraordinaire que jouerait alors notre pays pour bâtir le nouvel ordre mondial sans lequel l'humanité est bel et bien foutue ! Imaginons encore que Jeunesse Canada Monde devienne terriblement contagieux et que les jeunes de tous les pays trop heureux entrent dans la danse ! Il y aurait des Jeunesse France Monde, des Jeunesse URSS Monde, des Jeunesse Allemagne Monde, des Jeunesse Australie Monde . . .

Dis-moi, Jean, si je rêve ? . . .

Il y a quinze ans, j'avais publié un très beau livre de l'abbé Pierre [7]. Longtemps j'avais gardé l'épreuve d'une page, épinglée derrière ma table de travail. La voici :

« Pensez que, quand la guerre éclate, en 24 heures on a mis sur pied tous les moyens pour faire face au péril. En 24

---

6. En 1976, les dépenses militaires mondiales atteindraient $300 milliards, un montant *vingt fois* plus élevé que *toute* l'aide apportée par les pays riches aux pays pauvres. 400.000 ingénieurs et savants du monde consacrent toutes leurs énergies à des projets militaires.

7. *L'abbé Pierre parle aux Canadiens et aux heureux du monde entier*, Editions de l'Homme, Montréal, 1959.

heures, on a trouvé les finances, les usines, les matières premières, la main-d'œuvre, les transports, rien ne manque, et on fabrique en série, à un rythme effrayant, les camions, les tanks, les avions, les bateaux, les munitions, et tout ça pour être livré gratuitement au *consommateur,* c'est-à-dire à l'adversaire sur la figure duquel on l'envoie sans facture ! Il n'y a pas de problème. Quand c'est la guerre, dans les temps modernes, on n'a encore jamais vu une nation un peu industrialisée, un peu puissante, dire : « Ouf ! Je ne joue plus, parce qu'il y a des impossibilités techniques ou financières. »

« Alors, de qui se moque-t-on, lorsque l'on veut nous faire croire que, parce que la guerre est finie, les impossibilités techniques et financières tout d'un coup ont surgi ? On veut nous faire croire qu'il n'est pas possible de ravitailler les populations qui meurent de faim, là-bas, à travers l'Inde, alors que, quand c'était la guerre, personne ne voyait de difficultés, malgré les torpilles, les sous-marins et les avions, pour envoyer du ravitaillement à des centaines de milliers d'hommes à l'autre bout de l'univers.

« En définitive, tout l'avenir dépend de la capacité que nous aurons de nous éveiller et de faire comprendre à ceux qui gouvernent qu'ils sont indignes de leurs fonctions s'ils ne sont pas capables de faire passer, à travers le peuple, l'enthousiasme, l'appel à la générosité, l'appel à la croisade pour le secours de ces populations qui souffrent, et l'appel à la croisade pour que ceux qui sont les peuples heureux donnent des hommes pour ces tâches, pour précéder utilement le don de l'argent. Après, l'argent viendra, il sera nécessaire. Mais il faut que d'abord, des hommes viennent, qu'ils viennent les mains vides, les poches vides, qu'ils s'approchent de ceux qui souffrent et qu'ils partagent leur condition. Alors, après, quand ils auront appris à les aimer, à les comprendre, quand ils auront su ce qui est possible, assimilable, et ce qui ne l'est pas, ils pourront téléphoner et dire : envoyez-moi un tracteur, cent tracteurs. »

Saint-Exupéry disait la même chose : « Voulez-vous que les hommes apprennent à s'aimer ? Faites-leur bâtir une tour ensemble. Voulez-vous que les hommes se haïssent ? Jetez-leur du grain. »

C'est une erreur de croire que les pays riches peuvent changer la situation dans les pays pauvres en y expédiant leurs surplus de blé ou de lait en poudre ou même des millions de dollars... Parfois, il faut le faire, quand il y a une catastrophe quelque part, une urgence... Mais la véritable urgence, *c'est de changer radicalement l'ordre économique du monde* de telle manière que tous les hommes puissent se partager équitablement les richesses limitées de la terre... Un système de péréquation à l'échelle universelle... Des échanges commerciaux plus justes pour tous... Et l'urgence est telle que les chefs d'Etat ne devraient penser qu'à ça jusqu'à ce qu'on y arrive ![8]

Répétons-le encore une fois : environ la moitié du Tiers-Monde, quelque 900 millions d'hommes ne vivent pas comme des hommes devraient pouvoir vivre. M. Robert S. McNamara, président de la Banque mondiale, les décrit en ces termes : « Ils subsistent avec des revenus de moins de $75 par année dans une atmosphère de misère, de famine et de désespoir. Les plus pauvres d'entre les pauvres, ils connaissent une existence diminuée par l'analphabétisme, la malnutrition, la maladie, un taux de mortalité infantile élevé et une espérance de vie réduite au point de les priver du potentiel même qu'ils avaient à leur naissance. En fait, ils mènent une vie à la limite de l'existence[9]. »

Les experts du développement international en parlent depuis des années de ce nouvel ordre mondial qui mettrait un terme au désordre atroce de la terre des hommes. On en discute aux Nations-Unies, à Nairobi, à Vancouver... Mais les riches n'ont pas très forte la tentation du partage !

Un nouvel ordre mondial, cela implique un changement en profondeur des mentalités. Comment les chefs des Etats riches,

---

8. Lire le livre de Douglas Roche, *Justice not Charity — A New Global Ethic for Canada*, McClelland and Stewart, Toronto, 1976.

9. Cité par Paul Gérin-Lajoie, *Jalons pour l'avenir*, Information Canada, 1975.

qui généralement cherchent à être réélus aux élections, oseraient-ils imposer au peuple les sacrifices énormes mais absolument nécessaires à la réalisation d'une pareille révolution économique ? S'ils ne se sentent pas appuyés par la population, ils n'oseront jamais. C'est pourquoi il est si important de sensibiliser, par tous les moyens, la population de notre pays à ses terribles responsabilités vis-à-vis les pays en voie de développement. Et le moyen le plus efficace, de toute évidence, c'est de sensibiliser d'abord la jeunesse, cette jeunesse dite frivole, apathique, sans idéal et qui pourtant répond si bien quand on lui propose un grand but, une vraie cause...

Dans une récente interview, le R.P. Bro parlait ainsi de la jeunesse de son pays, la France : « Alors, toute cette génération, assez radicale dans sa manière de penser, vient de faire en quelques années comme un résumé de l'histoire de l'homme : la fuite par la drogue, par les idéologies, par la révolte ; la tentative d'une solution purement humaine par la création des communautés ; la redécouverte du sexe. Tout cela en vrac. Mais ça leur paraît déjà dérisoire. Je ne crois pas qu'il y ait eu dans l'Histoire une autre période où tant d'hommes de 20 ans aient défoncé en même temps autant de portes. Maintenant, ils sont au pied du mur ; et alors, les voilà partis, au fond de leur tête, à la recherche de je ne sais quoi : un monde plus vrai, des hommes plus fraternels, des amours qui ne durent pas le temps d'une saison, le pressentiment qu'il faut du courage pour vivre et du discernement pour agir, le refus de ce qu'on a appelé l'ordre bourgeois dont ils savent bien qu'il est mort. Tout cela ne me paraît pas négligeable. Qu'une étincelle tombe là-dedans... [10] »

Et l'interviewer demande au R.P. Bro : « Qu'est-ce qui se passerait ? » « Je n'en sais rien. Mais si j'étais un dirigeant d'empire, je me méfierais. Je me dirais que des gamins de cet acabit qui nient radicalement le monde que je préside portent en eux-mêmes, sans très bien le savoir, les germes d'une nouvelle cohérence. Est-ce que ce n'est pas cela la naissance d'une civilisation ? »

---

10. *Le Point*, Paris, 29 mars 1976.

Oui, ça ne peut être que cela ! Et d'ailleurs, il n'y a pas d'autre possibilité de ce bord-ci de la vie !

Alors, allons-y ! Commençons tout de suite ! Changeons les habitants de la terre ! Ce n'est pas rien ! Une sacrée job ! Mobiliser tous les jeunes de notre pays ! Tous les jeunes du monde ! Les embarquer tous dans la grande croisade de l'amour universel !

C'est cela, tout simplement, ne soyons pas modeste, que Jeunesse Canada Monde propose...

6

Côte d'Ivoire, Tunisie...

17 et 18 avril

On finira par croire, mon cher Jean, que je passe mon temps à voyager... On le dit ! Ah ! j'aimerais bien que ça soit vrai ! Un jour, peut-être, plus tard... Pour l'instant, je me tape deux ou trois voyages de fou par an. Deux, trois pays en dix jours ! A l'autre bout du monde. Je finirai par y laisser ma peau ! Je me repose quand même un peu, en revenant... Au bureau !

Tout ce baratin pour dire que je me retrouve encore dans un avion, en route pour Abidjan. Un vol quasiment direct. Six, sept heures dans le ciel. Deux, trois heures à flâner dans l'aérogare Charles-de-Gaulle, le temps de prendre un Perrier-citron en lisant le *Canard enchaîné*. Pas trop sûr que Jeunesse Canada Monde me remboursera le Perrier-citron... Un diplomate canadien eut jadis une sinistre aventure à Beyrouth, où il ne fallait pas boire l'eau du robinet. Alors, il buvait de l'eau Perrier, le diplomate, du matin au soir, jusqu'à ce que le Conseil du Trésor se mette à discuter ses notes de frais. L'Excellence avait reçu une sérieuse réprimande : « Qui est ce M. Perrier qui nous coûte si cher ? De toutes manières, vous n'êtes pas autorisé à l'inviter aux frais du gouvernement » ...

On appelle le vol d'Air Afrique 031. Encore sept, huit heures d'avion. Pas très rigolo, en fin de compte. Le capitaine fait pourtant son possible : « A votre gauche, vous pouvez voir la ville d'Alger . . . Nous survolons le Hoggar . . . A votre droite, la ville de Gao, porte du Sahara . . . » Cause toujours ! A gauche, à droite, moi je vois les ailes de l'avion !

Abidjan. Accueil chaleureux de Guy Paquette de l'ambassade du Canada. Extraordinaire Guy Paquette ! Pas croyable ce qu'il a fait pour nos participants en Côte d'Ivoire . . . Faudrait raconter tout ça un jour . . . Lui donner une médaille ! Sa photo dans le hall du Labyrinthe ! Il est accompagné de Michel Prescott, notre directeur pour l'Afrique. Un gars sérieux, ne me laissera pas le temps de rigoler un peu à Abidjan. Une voiture nous attend à la porte de l'aérogare. On part tout de suite pour Yamoussoukro. Yamou . . . quoi ? Une ville, là-bas, tout près, quatre ou cinq heures de route. Hein ! Après une quinzaine d'heures d'avion ! En pleine nuit ! Au moins prendre un Perrier-citron . . . Non, dit Michel. Il se passe des choses à Yamou . . . Demain matin arrive une grosse délégation du Canada. Avec le ministre des Affaires extérieures en tête. Quoi ? Pas MacEachen ? Oui ! Aïe ! (Comme si je ne le savais pas ! Bien sûr, je sais ! Bien sûr, j'ai fait coïncider les voyages, je ne devais venir que le mois prochain ! Je dirais le contraire, personne ne me croirait dans toute la Côte d'Ivoire . . . Sans parler d'ailleurs!) Oui, MacEachen en chair et en os. Le ministre responsable de l'ACDI. L'ACDI qui . . . L'ACDI que . . . Et s'il allait visiter le groupe de participants qui se trouve (cette fois c'est vrai pur hasard !) à seulement soixante kilomètres de Yamouquoi ? A peine quarante milles . . . A deux pas . . . Il aime bien Jeunesse Canada Monde, le ministre (enfin, j'espère !) On pourrait peut-être essayer de le convaincre.

19 avril

Les Canadiens ont débarqué ! L'hôtel est envahi ! Le ministre, sa suite, un vice-président de l'ACDI, une ribambelle de hauts fonctionnaires, une bonne douzaine de journalistes de Radio-Canada, du *Globe and Mail*, de la *Presse Canadienne*, du journal *La Presse* et naturellement, d'un *Chronicle* de Halifax... Par hasard (juré!), je rencontre le ministre dans le hall de l'hôtel. Il arrive de la Haute-Volta. Complètement fourbu. Aujourd'hui, c'est sa journée « off »... Le boulot reprend demain matin. Allons! Du courage! Lui parler des trente jeunes Canadiens qui sont là, tout près, avec leurs camarades ivoiriens. Comme on aimerait qu'il les voit en action, qu'il vive Jeunesse Canada Monde au moins pendant quelques minutes... Un petit jeune homme de « l'entourage » (il porte une cravate par une chaleur de 95°F.!) proteste : « Vous êtes épuisé, monsieur le ministre! C'est votre seule journée de repos de tout le voyage...» MacEachen fait semblant de pas entendre le petit jeune homme. Il dit oui! Il ira! Avec toute sa suite... Les journalistes... Les photographes... « Ça vous aidera, j'espère, tous ces journalistes...» ajoute-t-il en souriant.

Une heure avant la cavalcade, je me précipite à Bouaflé, pour rencontrer les participants sur leur chantier, me renseigner un peu sur le projet pour pas avoir l'air trop idiot avec les journalistes, discuter le coup avec notre coordonnateur Pierre Léger, un Acadien du Nouveau-Brunswick, efficace, adoré des participants, s'entendant comme larrons en foire avec Atsin Léonard, le coordonnateur ivoirien... On attendra le ministre au bord de la route, devant le chantier. Lui montrer tout le ciment brassé par nos participants, toutes les briques encore fraîches, empilées au soleil, pour construire demain un petit centre pour les jeunes, en pleine brousse. Ce sera moins spectaculaire que la Bibliothèque nationale d'Abidjan construite par le Canada... Il est bien quand même notre tas de briques! Beau mélange de sable, de ciment, d'eau et de sueurs de jeunes Ivoiriens et de jeunes Canadiens de presque toutes les provinces. On attend... On attend... Le soleil tape raide... Heureusement, j'ai apporté le numéro d'avant-hier de *La Presse* et du *Montreal Star*. Les participants dévorent jusqu'aux annonces classées! Faut penser à tout dans ce métier. On attend... On attend... Il doit faire près de 100°F. à l'ombre des bananiers. Enfin, les sirènes des motards déchirent le ciel de plus en plus lourd, vraies cigales d'Apocalypse! La caravane du ministre arrive à soixante-dix milles à l'heure dans un joli nuage de poussière... Zoum ! Ça passe devant le chantier sans s'arrêter ! Des Mercedes à la douzaine ! Soixante-dix milles à l'heure ! Oh ! C'est gentil mais un peu court tout de même... Ah ! oui, ils s'en vont d'abord saluer le préfet... Le protocole, mes enfants. On attend... On attend... Les motards réapparaissent enfin ! Les sirènes en délire ! Et elles s'arrêtent les Mercedes bourrées de gens importants de la Côte d'Ivoire et du Canada. On se présente... On se congratule... Le ministre rencontre des *Maritimers* heureux, des Canadiens bien bronzés, faut les nommer tous !... Un vrai poème bilingue ! Ce sera un peu longuet[1] parce que toute l'équipe est réunie dans ce chantier, le dernier d'ici le retour au Canada dans quelques semaines. Ce sera longuet... Ben quoi ! Faut ce qu'il faut pour aller de Cornerbrook, T.-N., à Victoria, C.-B., en passant par Rosemont (Normand McDuff), Roberval, Québec (Francine Ouellet), Régina (Ron Pearson et Greg McCashin), Victoria (Bill Pearson), Fanquier, Ontario, (Suzanne Plourdes), Edmonton (Jean Poulin, Lynne Masse et Marie-Thérèse Dentinger), Kamloops (Brian Prostuniak), Hearst, Ontario, (Chantal Séguin), Roblin, Manitoba, (Heather Skinner), Grand Falls, T.-N., (Phyllis Green), Stoney Creek, Ontario, (Rob Luke), Toronto (Mary Allen), Huntsville, Ontario, (Colleen Allison), Saint-Laurent, Québec, (Guy Caron), Stratford, Ontario, (Sharon Barnik), Matane, Québec, (Maria Fortin), Merrit, C.-B., (Roy Byrne), Baie Comeau (Jacques Caillouette), Crabtree, Québec, (Eveline Morissette), Aylmer, Québec, (Allen Goldart) et j'en oublie sûrement...

Le ministre accepte de faire une brique. « On en a fait quatre cent soixante-quinze ce matin... » glisse Marc Lepage, un agent de groupe du Nouveau-Brunswick. Ah ! y a de l'émotion dans l'air ! Les apprentis ratent toujours leur première brique. Mais généralement il y a moins de photographes ! Démoulez en douceur, M. le ministre... En douceur... On a le temps !... Toute la Côte d'Ivoire, tout le Canada vous regardent... Attention ! Hop ! la brique apparaît ! Parfaite ! La

---

1. Voir note de la page 63.

foule applaudit ! « Bravo ! Bravo ! Encore ! » Cette brique est un triomphe !

Soulagé, le ministre va d'un participant à l'autre, ivoiriens, canadiens, décide d'aller visiter la grande hutte au toit de chaume où le groupe se réunit pour les repas, les meetings, les fêtes... Enfin, le préfet invite tout le monde à sa résidence. On est plus d'une centaine ! Ça prendra beaucoup de bière et d'orangeade... Les hauts fonctionnaires fraternisent avec les participants. M. Beaulne, directeur-général pour l'Afrique au Ministère, est en grande conversation avec des jeunes d'Edmonton et de Bingerville... M. Mathieu, notre ambassadeur, est en pays de connaissance... Il a même accueilli à sa résidence des participants malades que sa femme et lui ont soignés... Il blague avec Lynne Masse d'Edmonton et Jacques Caillouette, un gars de Baie Comeau... Le journaliste d'Halifax prend des notes à tour de bras... Ah ! mes aïeux ! Quelle journée ! On s'en souviendra !

Hélas! on rigole pas tout le temps à Jeunesse Canada Monde. Depuis ce matin, Michel Prescott et moi, on fait semblant... Un télégramme nous a appris que le père et la mère d'une participante canadienne ont été tués hier dans un accident d'auto. Marie-Thérèse Dentinger ne sait rien encore... Sait pas qu'elle partira, démolie, pour le Canada, dans quelques heures, avec Michel... Même en prenant le prochain avion, elle arrivera tout juste pour les funérailles... Pour l'instant, en pleine forme, elle explique au ministre tout ce que Jeunesse Canada Monde lui a apporté, tout ce qu'elle a essayé de donner à son tour à la Côte d'Ivoire. Elle est heureuse... Nous lui parlerons dans une heure... Après la fête... Parlerons d'un accident... Puis d'un accident très grave...

Le groupe de la Côte d'Ivoire n'en est pas à sa première épreuve. C'était deux semaines après l'arrivée dans le pays. Six participants ivoiriens et canadiens revenaient du marché de Man dans un petit autobus de brousse. Dans une courbe, un camion les frappe. Trois blessés légers, deux morts... Koffi Joseph, jeune participant ivoirien, et Brent Musseau, 17 ans, de Cornerbrook, Terre-Neuve... Tués presque instantanément.

Depuis quatre ans, depuis le premier jour de Jeunesse Canada Monde, on n'a pas cessé de penser à l'accident qui finirait bien par arriver. Selon la compagnie d'assurances, il aurait dû se produire bien avant aujourd'hui. Les foutues machines I.B.M. étaient formelles. On essayait de ne pas y croire... Jusqu'à ce jour, près de 1,500² jeunes du Canada et de plus d'une douzaine de pays du monde ont participé au programme à un titre ou à un autre. Ils ont parcouru des centaines de milliers de milles. En avion, en bateau, en chemin de fer, en jeep, en autobus, à dos de chameau, à dos d'âne... Ils ont traversé des déserts, la brousse, la jungle, les Andes, *sans une égratignure*... A peine croyable. A confondre toutes les statistiques du monde. Et puis, il y a eu Koffi Joseph, doux Ivoirien qui avait vécu et travaillé à Edmundston, N.-B. et à Truro, N.-E., où les gens se souviennent de sa gentillesse, de sa bonne humeur, de ses chansons..
Et il y a eu Brent, magnifique garçon que tout le monde, sans exception, aimait... On aurait dit un mauvais rêve. Le télégramme d'Abidjan... Le dévouement de l'ambassade du Canada... Le cercueil à Dorval... La délégation de Jeunesse Canada Monde à Cornerbrook... L'accueil de la famille Musseau, extraordinaire famille qui *nous* consolait de *son* malheur... La générosité du gouvernement ivoirien qui a assumé tous les frais de la tragédie, qui a envoyé une délégation d'Abidjan à Cornerbrook : le directeur de la Jeunesse, notre ami Diarra Lassina, un haut-fonctionnaire du Ministère de la Jeunesse, Siméon Agua, et, geste merveilleux, une jeune participante ivoirienne, Aya Thérèse Yéoboneff... Copine de Brent, elle avait passé les vacances de Noël dans la famille Musseau, grande belle famille terre-neuvienne qui a donné à tous une fière leçon de courage...

Quelques semaines après les funérailles, on reçoit une lettre de la Côte d'Ivoire. Datée du 29 janvier 1975. *Trois jours avant la mort de Brent.* La lettre est signée Brent... Il arrive que des participants écrivent à Jeunesse Canada Monde, juste pour dire qu'ils sont heureux, emballés par l'expérience, reconnaissants et tout et tout... Presque toujours, ça se produit

---

2. 2.200 en incluant l'an IV.

après le retour au Canada, des semaines ou des mois après. Un soir, on se sent un brin nostalgique, on prend une feuille blanche : « Cher Jeunesse Canada Monde... » Le plus extraordinaire dans le geste de Brent, c'est qu'il l'ait posé en plein milieu de programme, au tout début de son séjour en Côte d'Ivoire. Trois jours avant de mourir. A l'âge de 17 ans...

Le 29 janvier 1975.

Salut J.C.M. !³

Je vous écris de la Côte d'Ivoire. En ce moment, je suis vraiment heureux d'avoir été choisi comme participant pour le programme de cette année. Et je voudrais vous en remercier...

Je trouve la Côte d'Ivoire bien différente de ce que je pensais qu'elle pouvait être. Les gens sont tout simplement fantastiques. Ils nous aident de toutes les façons possibles. Quand ils nous ont aperçus la première fois, ils ont tout de suite pensé que nous étions des Américains. Quand on leur a dit qu'on était des Canadiens, leur attitude à notre égard a changé et ils nous ont manifesté le plus grand intérêt. Plusieurs nous demandent nos adresses afin que nous puissions correspondre quand nous serons au Canada. A notre retour, il est très probable que leur rêve se réalise.

En ce moment, mon groupe, dont l'agent de groupe est Yvon Leblanc, se trouve à quelque 17 milles du village de Man. Je ne suis pas encore sûr du nom car la langue de cette région n'est ni le français ni le baolie, dialecte très commun. C'est un assez grand village d'environ 2,000 habitants. Les maisons sont construites avec une sorte de briques séchées au soleil. Il y a de l'électricité mais bien peu de maisons en sont pourvues. La plupart des gens s'éclairent avec des bougies ou des lampes à l'huile. Les installations sanitaires et les lieux pour se laver sont à l'extérieur des maisons.

L'école, c'est quelques bancs, en plein air, protégés par un toit. C'est pas grand-chose, mais on parle de construire une autre école.

On est sur le point de commencer à travailler dans notre chantier. Jusqu'ici les garçons n'ont pas eu beaucoup de diffi-

---

3. En français, dans le texte.

91

cultés, mais dès notre arrivée ici, les filles ont pris charge de la cuisine et des autres travaux ménagers. Le village est dans sa saison morte. Les hommes ne travaillent pas beaucoup et on pourrait en conclure que la vie ici est très facile. Mais quand on y regarde de plus près, on se rend compte du contraire. A cause de la chaleur, des maladies et des infections qui se propagent très rapidement, Ça nous incite à prendre soin de la moindre coupure ... Mais jusqu'à ce jour, nous n'avons pas eu de problèmes.

Le groupe semble s'être resserré, on se sent plus proche les uns des autres. A cause de la situation dans laquelle tu te trouves, tu apprends très vite que pour survivre tu dois respecter l'autre. Sans cela la vie de groupe n'est pas possible. Toute l'équipe de la Côte d'Ivoire me semble aller très bien. Mais on ne peut pas s'attendre à ce que cette paix dure toujours ... Quand des gens sont privés de choses auxquelles ils étaient habitués, la situation peut devenir explosive. Mais d'autre part, en n'ayant pas ce qu'ils veulent, un tas de jeunes peuvent découvrir qu'ils sont capables de vivre en s'en passant. J'ai découvert qu'à cause de ce qui s'est passé dans ma vie depuis 4 ou 5 mois, j'ai pu réaliser plus de choses par moi-même que je ne l'avais cru possible. Sans doute que les gens comme moi ont besoin de quitter leur vie quotidienne pour découvrir ce dont ils ont vraiment besoin, Alors, je forme des vœux et je prie pour que cette idée de donner aux jeunes Canadiens l'occasion de se développer et d'apprendre, comme Jeunesse Canada Monde l'a fait pour moi, continue de vivre le plus longtemps possible. Encore une fois, je vous remercie de m'avoir donné cette chance, unique dans la vie, de me découvrir moi-même et de découvrir le monde.

Bien sincèrement vôtre,
Brent Musseau.

21 avril

Abidjan. Dernières discussions avec le directeur de la Jeunesse, M. Diarra Lassina, le ministre de la Jeunesse, M. Etienne Ahin. On revoit ensemble les principaux points du projet de protocole de l'an prochain (si Jeunesse Canada Monde existe encore !)[4] On s'entend bien, on se comprend bien.

---

4. Oui. Le miracle annuel a eu lieu ! Il y aura un an IV ...

L'an IV est acquis. Le ministre parle d'avenir, de coopération permanente à établir entre les jeunesses de nos deux pays... On y arrivera bien un jour. Transformer la terre entière en un bon village ouvert et fraternel...

22 avril

Debout à l'aube. Aéroport. Cinq, six heures d'avion jusqu'à Nice... Autant d'heures à tourner en rond dans l'aérogare jusqu'au prochain avion qui fait un détour imprévu par Bordeaux. On atterrit à Tunis un peu avant dix heures du soir. Une sacrée journée ! Des amis sont là, attendant l'avion en retard de plusieurs heures : Patricia et Marc Lortie, tous deux vice-consuls du Canada, Chedly Zamoul, vieux de la vieille, agent de groupe tunisien de l'an I, coordonnateur tunisien de l'an II et aujourd'hui responsable de l'an III, et Renault Marier, vivant, vibrant coordonnateur canadien en Tunisie... On me conduit à l'hôtel dans un minibus un peu poussiéreux, offert à Jeunesse Canada Monde il y a deux ans par le premier ministre du Québec.

Fin de soirée, début de nuit avec trois des agents de groupe, apparemment heureux de bavarder avec un président pourtant à bout de souffle, au bord de grippe vilaine. Laïla Nassim (Vancouver-Ouest), Ginette Brassard (Saint-Hubert, Québec), Matthew McKenniry (Vancouver). Discutons pendant des heures. On veut tout dire. Tout expliquer. Les problèmes du programme qui s'achève. Problèmes canadiens, problèmes tunisiens. Les grandes réussites de l'expérience. Les projets pour l'an IV...

23 avril

Rencontre à l'ambassade du Canada avec le vice-consul, Marc Lortie. Il se dévoue pour Jeunesse Canada Monde depuis deux ans. Quelle catastrophe qu'il s'en aille en juillet, déjà ! Puisse-t-il aboutir dans quelque autre pays du programme !

Longue entrevue avec l'ambassadeur, M. Jacques Gignac, lui aussi un ami enthousiaste. Il a pris la peine de rendre visite à nos groupes de participants aux quatre coins de la Tunisie...

Aux prises avec une grippe de plus en plus mauvaise, je n'ai pas même le cœur d'aller me plonger un peu dans la belle blanche Tunis où j'ai tant de souvenirs heureux. Adorable ville avec ses palmiers en fête, ses fleurs folles accrochées aux fenêtres, camouflant les murs, envahissant les parcs, frais sourires de la ville... Sa population bigarrée, fière, terriblement méditerranéenne... Arabe assurément, mais bien marquée par des millénaires d'histoire héroïque... La Phénicie... Carthage... L'Empire romain... La conquête arabe... Le passage de la France... L'indépendance enfin retrouvée...

24 avril

Séance de travail au Ministère de la Jeunesse, « notre » ministère depuis quatre ans déjà puisque la Tunisie est à l'origine même de Jeunesse Canada Monde, avec la Malaysia et le Cameroun. Elle a accueilli un projet-pilote de l'an Zéro, mini-projet qui avait fourni mille renseignements essentiels aux bâtisseurs du mouvement. Et puis, l'an I, l'an II, l'an III qui s'achève, qu'on discute en toute franchise, en préparant l'an IV...

25 avril

Souper à la « Maison de Jeunesse Canada Monde », petite maison sans chauffage, mais quelle vue sur la mer ! Avec Renault Marier et Valery Chinn de Sudbury, Ontario, agent de groupe, belle, sensible, solide, anglophone au français joli... Elle parle aussi l'arabe. Faut bien, dit-elle, chère Valéry...

26 avril

Bonne petite journée. Rencontre avec un autre ministre dans un palais de légende, jadis résidence du Bey de Tunis.

Murs aux merveilleuses mosaïques, plafonds sculptés scintillant de dorures, riches tapis peut-être volants . . . Dans ce décor d'une autre époque, un ministre jeune, en train de bâtir un pays nouveau . . .

Visite à la Maison des jeunes de Carthage-Dermerch, autre ancien palais du Bey, ouvert aujourd'hui à tous les jeunes Tunisiens, ouvert aux participants de Jeunesse Canada Monde . . . Ils arrivent de leur dernier chantier, bronzés en dépit du climat dur de l'hiver tunisien qui enfin se meurt doucement. Aujourd'hui, c'est pur beau printemps de Méditerranée. Il éclate dans un ciel d'un bleu si intense qu'on y croirait pas si c'était une photo-couleur. Les bougainvilliers rouges grenades éclaboussent déjà les maisons blanches. Le soleil caresse les minces minarets plantés partout à l'horizon. Les palmiers dansent la gargoulette devant les cyprès étonnés, points d'ironie posés devant le fier palais, devant la mer toute proche, trop froide encore pour les Tunisiens, bien tentante déjà pour les Canadiens. Dans ce beau lieu, s'achèvent huit mois que pas un des participants tunisiens et canadiens ne pourra jamais oublier. Au cours des prochains jours, avant l'avion du Canada, ils évalueront ensemble chacune des étapes du programme, ils se prépareront à la toujours difficile réintégration dans leur milieu respectif . . .

Revenons à la « Maison de Jeunesse Canada Monde » avec un groupe de huit participants. Partager un énorme spaghetti arrosé d'une sauce tord-boyaux. On a bientôt tous la bouche en feu . . . On allumerait une allumette que la boutique sauterait ! Enfin apaisées par une bonne bière Celtia ou un café noir, les langues se délient, le blablabla continue pendant de longues heures avec Brenda Canitz (Régina), Mary McGreevy (Lindsay, Ontario), Tim Normand (Collingwood, Ontario), Daniel Garneau (Windsor, Ontario), Gerry Basterache (Edmonton), Debora Allain (Campbelton, N.-B.), Chris Lusty (Orillia, Ontario), Gordon Campbell (Toronto). On raconte Jeunesse Canada Monde en tous sens, les chantiers autant que les fêtes, les bons moments, les autres aussi, les difficiles, tous moments importants, indispensables pour vraiment changer les cœurs . . . Tous heureux d'expérience irremplaçable. Mary rappelle le temps où, vivant dans une très humble famille tunisienne, elle partageait les corvées quotidiennes et découvrait, fille du monde de la super-consommation, les joies nouvelles de la frugalité... Gerry évoque son expérience au Labyrinthe où, guide de Margaret Trudeau au cours de l'inauguration du 13 décembre, il a frayé pendant trois heures avec les grands de ce monde... « Ça lui a monté à la tête ! S'en remettra jamais ! » disent les copains...

27 avril

Reste un monceau de spaghetti d'hier soir, un gallon de sauce. De quoi organiser encore un souper avec un autre groupe de participants. Ils viennent six filles et garçons ensoleillés. Karen Dines (Waterloo, Ontario), Dominique Lavoie (Papineauville, Québec), Céline Boutet (Charlesbourg, Québec), Gilles Johnson (Saint-Ignace, N.-B.), Monique Favreau (Coaticook, Québec), David Comeford (Petawawa, Ontario)... On parle Tunisie à n'en plus finir... David nous décrit la famille où il a vécu un mois, où il a appris l'arabe, où il a compris la culture de ce pays au premier abord mystérieux... On parle du retour au Canada déjà tout près... Trop près pour la plupart, qui voudraient rester encore... On parle avenir... Plusieurs qui avaient quitté définitivement leurs études ont changé d'avis... Retourneront au high school, au CEGEP, à l'université... David se débrouille déjà très bien en français, souhaite se perfectionner, passera l'été dans une ferme québécoise, songe à la diplomatie... Dominique ira en Ontario apprendre plus bel anglais... Gilles l'Acadien travaillera fort pendant deux, trois mois, le temps de faire assez d'argent pour revenir en Tunisie... « Je savais même pas où c'était sur la carte d'Afrique ! Maintenant, je connais de Tunis au Sahara... Je veux tout revoir... En voir davantage... Les pays voisins dont on parle tant ici... La Lybie, l'Algérie, le Maroc... et tout le reste ! »

Le groupe projette de se retrouver dans un an, quelque part au centre du Canada. En attendant, on a organisé un

1. Le Labyrinthe, prestigieux pavillon d'Expo '67, est devenu la Maison Jeunesse Canada Monde. (Photo Pierre Dinel)

2. M. Michael Oliver, président du conseil d'administration de Jeunesse Canada Monde, s'amuse ferme avec un groupe de participants fidjiens dans un coin du Labyrinthe. (Photo Keystone)

3. Tamtam et chants des participants gambiens lors des fêtes de l'inauguration de la Maison Jeunesse Canada Monde à Montréal. (Photo Keystone)

4. Participants de la Côte d'Ivoire faisant vibrer un coin du Labyrinthe lors de l'inauguration. (Photo Keystone)

5. Participants des Philippines dansant la tinkinlang pendant la fête du 13 décembre 1974. (Photo Keystone)

6. Ensemble folklorique improvisé par un groupe de participants tunisiens. (Photo Keystone)

7. Cadres de l'équipe de la Gambie (An IV) pendant un cours de langue lors du camp de formation 1975 à Montréal. (Photo Pierre Dinel)

8. Bill Young et Manuel Mendoza, les deux coordonnateurs de l'équipe des Philippines, discutent avec leurs agents de groupe pendant le camp de formation à la Cité du Havre. (Photo Pierre Dinel)

9. Coordonnateurs et agents de groupe de l'An IV reçus par le Maire de Montréal, à l'hôtel de ville, sur lequel flottent les drapeaux des douze pays d'échange de Jeunesse Canada Monde.

10. Participants canadiens initiant leurs camarades colombiens aux joies de la première neige près de Brantford, Ontario, où le groupe avait un chantier de travail au cours de l'an III. (Photo The Brantford Expositor)

11. Un groupe de participants philippins et canadiens préparant une soirée de folklore à Prince Albert, Saskatchewan. (Photo The Daily Herald)

12. Philippins et Canadiens en visite à l'île de Vancouver . . . pour la photo classique. (Photo Heather Matthews)

13. L'Honorable David Barret, premier ministre de la Colombie-britannique, accueillant l'équipe d'Indonésie et recevant un cadeau de Risti Said. On reconnait aussi le Canadien Robert Laferty et l'Indonésien Nazif Karim. (Photo Comox District Free Press)

14. Un happening typique de Jeunesse Canada Monde : Donald Pealy des Iles de la Madeleine, Québec, enregistre des chansons de folklore acadien et canadien-français pour le *Educational Resources Board* de la Colombie-britannique . . . accompagné à la guitare par un participant indonésien. Nazief Karim, de l'île de Sumatra. (Photo Comox District Free Press)

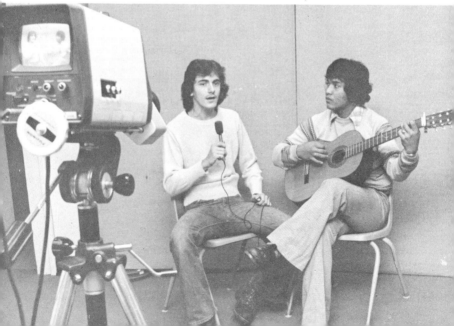

15. Tuti de l'île de Java et Bertrand Boucheau des Iles de la Madeleine, Québec, préparant des tourtières pour le groupe à Courtenay dans l'Ile de Vancouver. (Photo Comox District Free Press)

16. Un participant indonésien s'initiant aux secrets de l'industrie laitière moderne à Courtenay, Colombie-britannique. (Photo Comox District Free Press)

17. Trois participants indonésiens, Nazief Karim, Erna et Ratta Aritong, faisant leur premier bonhomme de neige quelque part en Colombie-britannique. (Photo Comox District Free Press)

18. La corvée du bois au village sénégalais de Kagnobon. A droite, Sindy Thomas de Camlachie, Ontario, portant son fagot sur la tête comme les autres femmes du village. (Photo O.N.F.)

19. Christine Johns de Richmond Hill, Ontario, surveillant la soupe avec ses camarades sénégalaises dans un chantier de la Casamance. (Photo O.N.F.)

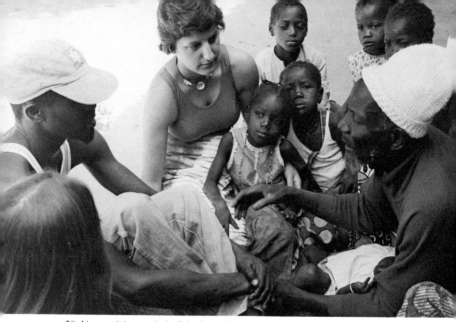

20. Un participant sénégalais, Jean-Marie Ngandoul, et Claudette Bourdeau de North Bay, Ontario, causent avec un sage du village de Kagnobon. La conversation se déroule en langue diola, bien sûr ! (Photo O.N.F.)

21. Jacques Renaud, l'agent de groupe canadien et deux participants sénégalais, Babacar Sow et Amady Niang, participent aux cérémonies d'accueil de leur groupe dans un village de la Casamance. (Photo O.N.F.)

22. Avec les enfants du village, Christine Johns de Richmond Hill, Ontario, travaille à la récolte des cacahuètes. (Photo O.N.F.)

23. Un groupe de l'équipe de Tunisie de l'An I pendant une session d'évaluation à Bir El Bey, au bord de la Méditerranée. A droite, le coordonnateur canadien Yvon Clermont de Montréal.

24. Participants ivoiriens et canadiens devant leur chantier, le futur centre culturel du village de Baoulifla en Côte d'Ivoire. (Photo Marc Landau)

25. Des jeunes Ivoiriens venus accueillir un groupe de participants de Jeunesse Canada Monde en dansant la danse de la panthère à l'entrée du village de Vaou. (Photo Marc Landau)

26. Des participants viennent au puits du village de Baoulifla, en Côte d'Ivoire, faire provision d'eau pour la journée. De gauche à droite : Allui Yao Célestin, Jean Poulin, d'Edmonton, Shawn Richardson de Toronto, Koffi René et David Lacy de Chemainus, Colombie-britannique. (Photo Marc Landau)

27. Kouakou Boignini, participant ivoirien, et David Lacy de Chemainus, Colombie-britannique, cassant des pierres qui serviront à la construction du petit centre culturel de Baoulifla. (Photo Marc Landau)

28. A Balingasag, aux Philippines, un groupe a travaillé avec une organisation de jeunes garçons de milieux défavorisés. Voici Barbara Elsinger de Vancouver, Colombie-britannique, avec deux d'entre eux. (Photo Heather Matthews)

29. Des participants préparant un spectacle de folklore canadien-anglais, canadien-français et philippin dans un village des Philippines. (Photo Heather Matthews)

30. Rizière près de Badula au Sri-Lanka, où a travaillé le groupe de Matthew McKennery d'Ottawa. (Photo Sylvain Michaud)

31. Sylvain Michaud de Terrebonne, Québec, accueilli dans la famille d'un participant ceylanais de son groupe près de Kandie.

32. Suzanne Boisvert de Montréal plantant des bananiers dans une coopérative agricole près de Kuala Pila, en Malaysia. (Photo O.N.F.)

33. Deux participants partageant un repas malais dans un kampong de Malaysia : Ramzi Sulaiman Abdul Majid et Ethan Haberman de Toronto. (Photo O.N.F.)

34. Initiation à la musique traditionnelle malaise à Kuala Pila, en Malaysia. (Photo O.N.F.)

35. Trois participants canadiens apprennent les secrets du fameux batik de la Malaysia : Deborah Borysewicz de Thunder Bay, Ontario, Renée Giroux de Sherbrooke, Québec et Marian Read de Dunrobin, Ontario. (Photo O.N.F.)

36. Fête populaire à l'occasion de l'arrivée des participants au village de Denok, dans l'est de l'île de Java. On reconnaît Heather Johnston de Cobalt, Ontario, Ghislaine Caron de Ville Deglis, Québec, Donald Kumpf d'Edmonton, Alberta et Catherine Thompson de Barrie, Ontario.

37. Un groupe de participants construisant une maison dans un village d'Est-Java. On reconnaît Walter Nother de London, Ontario, Beverly Faryna de Vancouver et Tanya Kutschera de Carcross, Yukon. (Photo Catherine Thompson)

38. Donald Kumpf d'Edmonton, Alberta, participant à une cérémonie religieuse musulmane dans le village de Denok, en Indonésie. (Photo Catherine Thompson)

39. Un jeune danseur javanais se fait valoir au cours d'une fête organisée par les gens du village de Indihiang en l'honneur de Jeunesse Canada Monde. De gauche à droite : Jean Fudge de Cornerbrook, Terre-Neuve, Alain Bernier d'Ottawa, Danielle Bergeron de Montréal et Jacques Hébert. (Photo Mohammad Said)

40. Un groupe de participants construisant une maison dans le village de Denok, en Indonésie.

41. Participants s'entraînant dans l'art du self-defense, selon une méthode typiquement indonésienne dans l'île de Java. On reconnaît Walter Nother de London, Ontario, et Donald Kumpf d'Edmonton. (Photo Catherine Thompson)

42. Le premier ministre du Canada, le Très Honorable Pierre Elliott Trudeau, accueillant à son bureau l'équipe d'Haïti qui lui présente un tableau d'un artiste haïtien. (Photo Les Frères Proulx)

43. Pendant les mois qui ont suivi le tremblement de terre du 4 février 1976 au Guatemala, les participants de Jeunesse Canada Monde se sont joints aux équipes de secours pour venir en aide aux sinistrés, fouiller les décombres, déblayer et commencer la reconstruction. (Photo Ted Swanson)

44. Au lendemain du tremblement de terre, un groupe s'est retrouvé sans toit, dans une petite ville dévastée ; ils ont vécu à la belle étoile avec des milliers de Guatémaltèques sans logis. (Photo Ted Swanson)

45. Le visage désolant du Guatemala après le tremblement de terre qui a dévasté le pays. (Photo Ted Swanson)

compliqué système de chaîne de lettres entre tous les participants tunisiens et canadiens...

28 avril

Rencontre décisive avec le Ministre de la Jeunesse au sujet de l'an IV. Il veut que le programme de Jeunesse Canada Monde continue l'an prochain, toujours... « Bâtir des liens solides entre nos deux pays... Par les jeunes... La seule vraie manière... »

Formidable réception de l'ambassadeur du Canada à l'occasion du départ prochain des participants canadiens. Ils sont là, avec leurs camarades tunisiens, tous beaux, endimanchés, frais rasés, peignés... méconnaissables !

7

Sur l'adolescence et le choc du retour

15 mai

Les participants commencent à rentrer. Furieuse navette entre la Maison Jeunesse Canada Monde et l'aéroport de Dorval ! Faut voir arriver ces bandes de garçons et de filles bronzés, fourbus, joyeux ... Auront pas dormi de la nuit ! Viennent du bout du monde ! Un peu angoissés à l'idée de se quitter après ces formidables huit mois vécus ensemble. Les mauvais moments déjà oubliés, les bons surnagent ... Tu te souviens de Kota-Barhu ? ... Et Tanay ? ... Kagnobon ! ... Banjul ! ... San Jose del Guaviare ! ... Comme des frères d'armes qui se rappellent les noms des grandes batailles. Mais c'est pas la guerre, c'est la paix qu'ils ont faite. C'est quand même mieux ! ... A Dorval, le premier déchirement. On se retrouvera encore quelques-uns dans l'avion de Toronto, d'Halifax, de Vancouver ... On s'embrasse, on se reverra bientôt, souvent ... C'est promis, planifié depuis longtemps ... Pendant les veillées dans la brousse de la Gambie, la jungle de Malaysia, les villages des Andes ... On s'embrasse, on pleure un peu ...

Les participants en ont discuté du fameux choc du retour. Mais on n'y croyait pas tellement ! Dans les aérogares, au moment des dernières accolades, les plus sceptiques s'inquiètent un peu. On blague, on essaye, mais on sent que quelque chose d'énorme vient de finir. Les prochains problèmes, il faudra les régler tout seul, sans l'aide du groupe. Le groupe, belle famille artificielle. Elle devait éclater un jour pour que ses enfants deviennent des hommes libres...

Ah ! les premières semaines, c'est pas facile ! Faut les entendre ! « Y a pas que le groupe qui manque... Y a la terrible nostalgie des *kampongs* ou des *pueblos* où on a retrouvé les valeurs les plus simples, les plus vraies... On les croyait perdues à jamais, sûr que la société de consommation avait tout bouffé... Ah ! la douceur infinie de ma famille malaise, le père vieil homme, vrai fier sultan dans son *sarong* de batik écarlate, m'appelait son fils, je l'appelais mon père... C'était hier ! Depuis la douane canadienne, c'est comme si tout ça datait d'un rêve... Les danses folles, les tams-tams délirants, les nuits de lune dans un village sénégalais... La sensation merveilleuse d'appartenir au village pour de vrai, l'Afrique entière me pénétrant par tous les pores de ma peau blanche, déjà brune, presque noire dans la nuit... Depuis la douane, je ne pense plus qu'aux retrouvailles... J'ai hâte et peur à la fois... J'ai tellement changé ! Comment seront les copains ? la famille ? le village ? le quartier ? Bah ! les premiers jours, ça devrait aller... Ce sera la fête ! C'est bon, quand même, le bœuf de l'Ouest... Retrouver le beurre de *peanuts*, la tarte aux pommes de ma mère... Il faut tout leur raconter ! La forêt tropicale, les îles enchantées, les sorciers, les serpents... En inventer quelques-uns, s'il en manque, pour faire plaisir... L'impression d'être un petit héros ! Ça m'agace, ça me flatte en même temps... Bah ! Je sais que ça ne durera pas ! Ce qui m'agace aussi, c'est qu'on ne pose pas les vraies questions... On revient toujours sur les serpents... Moi, je voudrais parler des hommes, mes frères... De mon groupe... De la joie partagée, du travail accompli, de la misère immense que j'ai vue... Vécue presque, des fois... Ils ne comprendraient pas ! Pour comprendre certaines choses, faut qu'elles nous aient fait un peu mal... »

Ainsi parle le participant du retour. Adolescent en train de devenir un homme plus vite que prévu, il se débat comme il peut avec tout ce qu'il a découvert en un temps très court. Avec les valeurs chambardées... Une connaissance des hommes qu'aucune école n'aurait pu lui donner ... Une vision du monde à jamais changée ... Une terrible angoisse devant les besoins des pays pauvres, les gaspillages éhontés de la société dans laquelle il doit réapprendre à vivre ...

Il se trouve des participants qui retombent sur leurs deux pieds en quelques semaines. C'est rare ! Pour un grand nombre il faut souvent des mois.

C'est très normal, quand on considère les dures exigences du programme de Jeunesse Canada Monde. On extrait brusquement de son milieu un adolescent qui souvent ne l'avait encore jamais quitté. On le soumet à toutes sortes de chocs culturels. On l'incite à réfléchir à des problèmes énormes que les adultes n'arrivent pas à résoudre. On provoque sa conscience cent fois par jour. On le fait travailler physiquement sur les rochers des Iles de la Madeleine ou dans les champs des Prairies jusqu'aux froids de décembre, avant de l'envoyer construire des paillotes sous le soleil torride de la Côte d'Ivoire ou des Philippines. On le fait vivre huit mois avec un groupe de jeunes différents de lui par la culture, la classe, la langue, la race, la religion. Pour survivre à un pareil régime, il faut posséder toute la ferveur de l'adolescence ! ...

A l'intérieur même de Jeunesse Canada Monde, il y a une vieille discussion qui revient chaque année, depuis quatre ans. Compte tenu des exigences du programme, on prétend qu'il vaudrait mieux faire appel à des participants de vingt ans et plus. Ils profiteraient davantage de Jeunesse Canada Monde parce qu'ils seraient plus mûrs, plus sérieux, etc ... Nous sommes encore quelques-uns à ne pas être d'accord. A nous obstiner. A défendre l'adolescence comme étant le moment idéal pour se lancer dans toute grande aventure ...

On demandait un jour à l'Amiral Hoare, fondateur du United World College, en Grande-Bretagne, collège où étudient et travaillent ensemble des adolescents des quatre coins du monde, pourquoi il n'acceptait que des jeunes de 16 à 18 ans : « Très exactement, répondit-il, parce qu'ils sont alors assez âgés pour prendre conscience des préjugés de race, de nationalité, qui ont conditionné leur première éducation, par la force des choses, pour comprendre en quoi ces notions peuvent être sources de conflits — et en même temps parce qu'ils sont assez jeunes pour repenser ces problèmes, assez libres du souci de leur carrière et de la nécessité de gagner leur vie, pour s'intéresser à ce qui est universel, assez généreux pour s'orienter vers un idéal[1]. »

Je ne voudrais pas pousser le baratin sur l'adolescence trop loin. On me demanderait mes diplômes ! Je n'en ai pas beaucoup. J'ai été adolescent jadis et j'ai cinq enfants, plusieurs encore adolescents... C'est mince comme certificat, alors je pousserai pas trop le baratin. Il y a quand même des choses évidentes, connues... Par exemple que l'adolescent est un étrange enfant qui, tout à coup, refuse de dépendre plus longtemps de son milieu, qui se révolte contre les valeurs, vraies ou supposées, dont ce milieu cherche à le gaver. Il se met éperdument à la recherche d'une identité. Avec l'ardeur du naufragé, il s'accroche farouche à tout idéal qui lui paraît exigeant et pur. Mais il se sent souvent incompris, seul, abandonné... A la dérive, en pleine tempête, ouragan, cyclone... A se demander si la vie vaut la peine d'être vécue plus longtemps...

A Jeunesse Canada Monde, l'adolescent trouve au moins la sécurité, le support de la vie en groupe, de la « commune » dont rêvent un jour tous les jeunes du monde. Il aura l'occasion de se confronter à ses pairs, d'échanger avec d'autres jeunes qui éprouvent les mêmes angoisses que lui, tout en remettant en cause des valeurs peut-être forts différentes...

L'expérience est raide. Passionnante, mais raide. Elle exige mille renoncements, des sacrifices au tombereau, des concessions on peut pas les compter... Chaque année, un certain nombre de participants, bien intentionnés au départ, prêts à tout disaient-ils, la jungle, la brousse, la malaria, les serpents, crient grâce au bout de quelques semaines, quelques mois, parfois la veille même de s'envoler pour le bout du monde. Bonne

---

1. *Marie-France*, Paris, octobre 1971. (United World College of the Atlantic, St Donat's Castle, South Wales, GB.)

réponse à ceux qui croiraient que le « voyage gratis au soleil » serait la principale motivation des participants. En décembre dernier, à la fin des quatre mois de travail au Canada, 2% des participants avaient quitté le programme de leur propre chef.

La vie en groupe ou la vie dans une famille étrangère... Le travail physique parfois pénible, parfois monotone... Les cours de langue quotidiens... Les incessantes discussions causées par les différences culturelles... L'effort constant d'intégration, au Canada ou dans le pays d'échange, dans une communauté dont on pouvait ignorer l'existence hier encore... La nécessité de communiquer avec les camarades tombés du ciel, dont souvent on ne connaît pas la langue... Tout cela constitue une brutale immersion dans la réalité du cher village global. Et un formidable défi !

Mon cher Jean, toi qui a vécu Jeunesse Canada Monde, tu sais mieux que moi jusqu'à quel point cette expérience peut être déprimante certains jours, exaltante aussi certains autres... Tu sais comme on a parfois envie de tout lâcher, d'aller retrouver le calme apaisant de son coin de pays, de sa famille, des copains... qu'hier encore, peut-être, on trouvait insupportables !

Mais alors, tous ces efforts, toutes ces frustrations, tous ces sacrifices, ça donne quoi ? Qu'arrive-t-il de si extraordinaire à ceux qui se rendent jusqu'au bout, c'est-à-dire la grande majorité ? De quelle façon le programme de Jeunesse Canada Monde transforme-t-il les participants qui l'ont vécu ?

Ça, c'est la bonne question, la seule qui compte, tout le reste n'étant que littérature et millions engloutis. Des experts de l'extérieur[2], tout à fait neutres, ont déjà fait des recherches,

---

2. *Etude des anciens participants de Jeunesse Canada Monde*, IAN SONE & ASSOCIATES Toronto, 1976 ; 1. *Evaluation des projets de Jeunesse Canada Monde. 2. Principales conclusions. 3. L'administration de Jeunesse Canada Monde.* OISE (Ontario Institute for Studies in Education), Toronto, 1976 ; 1. *Rapport sur le programme de formation des agents de groupe et des coordonnateurs de Jeunesse Canada Monde. 2. Evaluation sur la partie canadienne du programme de l'An IV. 3. Evaluation des camps de formation des participants de Jeunesse Canada Monde de l'An IV*, Alan Ross & Associates, Montréal, 1976.

d'autres sont en cours. Les premiers résultats sont à la fois rassurants et enthousiasmants. Mais toute la réponse, on la connaîtra quand nos anciens participants auront trente ans, quand ils seront pour de vrai engagés dans la vie. Pour l'instant, il faut se contenter d'observer les premières réactions des participants, les changements qui s'opèrent en eux, les nouvelles décisions qu'ils prennent... Par exemple, on constate qu'ils perdent, en cours de route, quelques petites illusions sur la société... et sur eux-mêmes! Ils s'évadent en douce des phantasmes de l'adolescence. Ils deviennent plus réalistes, disposés à prendre en main leur vie. Poussé à l'extrême, ce « réalisme » pourrait avoir des résultats négatifs et cela arrive... Rarement.

Une autre évidence : les participants perdent leurs préjugés les plus tenaces, toutes les saloperies transmises par le milieu, les opinions préconçues qu'on nourrit vis-à-vis *les autres*. Autres cultures, autres coutumes, autres races, autres religions, autres échelles de valeurs... Les anciens participants n'ont pas toutes les qualités de la terre, mais au moins ils sont *ouverts au monde*. Déjà, en 1948, Jean Piaget écrivait que « les jugements portés dans un pays sur les autres nations, l'étonnante miopie qui permet à des peuples entiers de reprocher en toute sincérité les attitudes qui caractérisent à un aussi haut degré leur propre comportement, l'incapacité de se placer à des points de vue différents du sien, etc., sont des phénomènes communs à toutes les échelles, et, pour comprendre leur importance sur le plan international, *il est indispensable de les avoir découverts par une expérience vécue* »... Et cette découverte sera aussi bénéfique au jeune qui prendra charge de la ferme de son père en Saskatchewan ou au El Salvador, à celui qui fera du travail social à Saint-Henri ou dans les faubourgs d'Abidjan, qu'à celui qui ira à l'université, acquérir des connaissances indispensables au développement de son pays ou d'un autre.

On pourrait en dire encore, déjà, beaucoup... Parler de la *grâce de communication* que les anciens participants rapportent dans leurs bagages. En quelques mois, ils sont devenus, enfin, capables d'échanger, de se faire des amis très vite, d'établir des relations interpersonnelles en profondeur. Ils ont cessé d'être des adolescents qui se regardent le nombril, aux prises avec leur solitude, leur conviction d'avoir des problèmes absolument uniques qu'il serait donc inutiles de discuter. Ils font confiance aux autres, acceptent d'avoir besoin des autres, sont devenus sensibles aux problèmes des autres ...

* * *

Il y a quelques jours, en fin de journée, je sortais de la Maison Jeunesse Canada Monde. Je vois arriver un grand gars à la crinière jaune, sac au dos, bottes de voyageur. Il vient me saluer, sans savoir qui je suis. Au cours d'une année, c'est à peine si je rencontre, en personne, rapidement, le quart des participants ! Je voudrais bien, mais je ne peux pas. Lui, c'est un participant de l'an III. Il revient d'Afrique. Un gars du Manitoba, je crois, ou d'une autre province des Prairies. Anglophone. 18 ou 19 ans, par là ... « Il me reste quelques semaines de vacances et je voudrais connaître l'Est du Canada. C'est facile ! Je parle maintenant français, j'ai des copains partout ... A Jeunesse Canada Monde, faut le dire, on apprend vite à se faire des amis ! Et surtout, j'ai les amis de mon groupe. Aïe ! on a vécu huit mois ensemble ! Y en a d'Halifax à Vancouver ! J'ai établi mon itinéraire en conséquence ... Hier, j'étais chez un gars de mon groupe, à Ottawa ... Ce soir, je dormirai à la Maison Jeunesse Canada Monde s'il y a un lit de libre ... Demain je suis attendu chez une fille de mon groupe, à Saint-Georges-de-Beauce ... Et ainsi de suite jusqu'à Cornerbrook, Terre-Neuve ! ... En septembre, je retourne à l'école ... Je l'avais quittée pensant n'y plus jamais retourner ... Mais maintenant, j'ai vu trop de choses ! Je sais que pour les changer il me faut plus de bagages que j'en ai ! »

Après une rude journée au bureau, voilà qui remonte le moral. Oui, j'étais plutôt content de l'entendre le gars du Manitoba. J'en ai oublié de lui demander son nom ! « Be seeing you ! » Et il s'est engouffré dans le Labyrinthe. J'espère qu'il ne s'y perdra pas ! J'aimerais bien, un jour, continuer cette conversation. Dans dix ans. Il aura près de trente ans. Quelle sorte d'homme il fera ? J'ai hâte à mort de le savoir... Mais je ne suis pas trop inquiet !

8

Bel an IV qui commence...

Une date dans la jeune histoire de Jeunesse Canada Monde. Les employés et les « patrons » ont signé une convention collective ! De part et d'autre, on en était à notre première expérience syndicale. Très enrichissant pour tout le monde. Même au plan des salaires ! Après des mois de négociations, les parties se retrouvent souvent déchirées, devant une convention collective finalement signée parce qu'on en avait assez de se battre. C'est tout le contraire qui nous est arrivé. A mesure que les négociations progressaient, les parties se comprenaient mieux et se rapprochaient. C'est facile à expliquer. Il n'y avait pas d'un côté des patrons qui cherchaient à faire le plus de bénéfices possible et de l'autre des employés qui cherchaient à leur arracher le plus d'avantages possible. Les uns et les autres forment une équipe dont le but premier est de servir le plus efficacement possible la raison d'être de Jeunesse Canada Monde : les participants. Bref, la signature de cette première convention collective a été une fête pour tous.

Une date historique pour une autre raison : aujourd'hui commence réellement l'an IV avec le quatrième camp de formation des coordonnateurs et des agents de groupe. Le premier enfin tenu au Labyrinthe, dans nos meubles, si on ose dire... La Maison Jeunesse Canada Monde de nos rêves, avec des dortoirs de 150 lits et tout et tout, n'existera vraiment que dans un an, *inch Allah !* Elle sera inaugurée par nos cadres de l'an V. Ceux de l'an IV devront faire du camping dans tous les recoins du Labyrinthe ! Ils sont une centaine. De toutes les provinces du Canada. De douze pays d'Afrique, d'Asie et d'Amérique latine... En se promenant dans un couloir, on fait le tour du monde! On salue Ababakar N'Dyai, coordonnateur sénégalais, tout droit arrivé de Dakar, magnifique comme à l'accoutumée... Wolfgang Gomez, *le nouveau du Guatemala...* Bill Young du fin fond des Prairies, la barbiche en bataille... Sutirto, de la belle Indonésie... Serge Larrière, Québécois en route pour la Tunisie... avec Mohammed Ben Kilani... Ah ! une atmosphère du tonnerre ! Il passera vite ce mois du camp de formation où nous vivrons comme une grande famille, dans notre grande folle maison.

Pendant ce temps-là, le personnel des cinq bureaux régionaux trime dur. On met les bouchées doubles, triples... On sillonne les régions pour une dernière vérification des quarante-cinq chantiers de travail... D'un bout à l'autre du Canada. Dès la fin de septembre, après les camps de formation des participants, autant de villes et de villages seront envahis par autant de groupes formés de jeunes Canadiens et de jeunes d'un des douze pays. Belle gentille invasion... Y aura pas de saccage ! On vient partager la vie, le travail, les loisirs de ces communautés... Apprendre avec les gens qui apprendront bien, eux aussi, s'ils le veulent... Echanger des idées, confronter les valeurs, parler de son pays quel qu'il soit, lier des amitiés pour la vie.

Les coordonnateurs des bureaux régionaux viendront rencontrer au Labyrinthe les coordonnateurs et les agents de groupe. Leur décrire les projets de travail qui les attendent dans les régions. Organiser le logement des participants, selon qu'ils vivront en groupe ou, individuellement, dans les familles de la communauté. Ça fera encore plus de monde dans le Labyrinthe qui déjà déborde. Il y a des lits jusque sur le palier des escaliers ! On perche dans des salles de débarras... On se perd dans les dédales...

Tout le monde finit par se retrouver, toujours, pour les cours de langue, intensifs à mort. On manque même de professeurs. Faut se rabattre sur les étudiants étrangers des universités des alentours. On enseigne l'arabe à la cafétéria... Le ouolof dans la piscine... Le malais... Le tagalog... L'espagnol partout sur les pelouses... Le français, l'anglais, jour et nuit !

Ian Elliott a tout préparé, planifié, organisé. Il est à bout de souffle, mais laisse rarement son groupe avant une heure du matin pour recommencer à neuf heures avec le grand meeting quotidien, bilingue, avec traductions multiples. La Tour de Babel peut aller se rhabiller !

Les cours de langue, c'est encore rien. Il y a aussi, surtout, les scéances de travail. Bien comprendre ce qu'est Jeunesse Canada Monde... Les problèmes du développement international... La sensibilisation aux différences de culture... Les techniques de l'animation... Les questions de santé en pays tropical... Les grandes règles de Jeunesse Canada Monde sur l'usage de la drogue, la cohabitation, etc... L'administration du budget du groupe... J'en passe. Tout ça avec films, experts, jeux de simulation et beaucoup, beaucoup de discussions.

Coté santé, c'est le Docteur Richard Morisset, microbiologiste de l'Hôtel-Dieu, qui fait le baratin, toutes statistiques en main. Depuis trois ans déjà, il les suit nos participants. A partir des vaccins du départ, à pleines fesses, jusqu'aux analyses de sang, de selles et d'autres choses encore au retour. Il brandit ses dossiers pour mieux convaincre les agents de groupe de prendre au sérieux ses mille recommandations. Deux *Aralen* tous les dimanches contre la malaria... *Jamais* d'eau non bouillie... *Jamais* de laitue non désinfectée... *Jamais* de baignade en eau douce dans la plupart des pays tropicaux... Et caetera, et caetera... « Tiens, prenez par exemple le groupe *X*... de l'an dernier. Tous les participants sont revenus en bonne santé, impeccables... Leur agent de groupe devait avoir le bon genre !» Le docteur sort un autre dossier, mauvais genre : « Voyez-les, ceux-là ! Devaient sûrement s'en moquer de l'eau et de la laitue ! Ils nous sont revenus bourrés de parasites, d'amibes... Faudra les nettoyer d'un bord à l'autre ! Mais cette année, j'espère que vous serez sérieux. Maniaques de l'hygiène ! Vous avez l'air plutôt intelligents... »

Ensuite, pendant deux jours, les instructeurs de L'Ambulance Saint-Jean s'abattent sur la Maison avec leurs pansements, leurs éclisses, leurs garrots, leur bouche-à-bouche... Dans la grande salle, on dirait une hécatombe ! Des jambes cassées... Des bras en écharpe... Des cous tordus... Des éclopés joyeux... Des ébouillantés rigolos... Des noyés qui se font embrasser à qui mieux mieux...

Un jour, vers la fin du camp, les ambassadeurs ou les consuls de nos douze pays s'amènent d'Ottawa, dare dare, le doyen du corps diplomatique en tête, Philippe Cantave, ambassadeur d'Haïti, avec le Privado Jimenez, ambassadeur des Philippines, et tous les autres... Ils se dérangent, viennent d'Ottawa passer une demie journée avec les coordonnateurs et les agents de groupe, parler de leur pays, de ses efforts de développement, des liens particuliers qui l'unissent au Canada, de tout ce qu'ils attendent de Jeunesse Canada Monde... Faudra se forcer !

28 août

Ah ! ils ont bien travaillé nos gars et nos filles pendant tout ce mois torride. L'an IV sera entre bonnes mains. Ils se sont amusés aussi, des fois. L'équipe de chacun des pays a organisé sa mini-fête nationale avec repas traditionnel, musique, chant, danse... « Ce soir, c'est le tour des Philippines ! Faut pas manquer ça ! Il y aura de la dinde farcie « à la Manille », du *penuk bit*... et on dansera le *tinikling* ! » Manuel Mendoza, le coordonnateur philippin, fait sa petite propagande. Il n'aura pas de mal à convaincre ! Il y a eu de ces soirs mémorables, avec couscous fantastiques, brochettes sauce cacahuette pure Casamance, *arroz con pollo* à s'en lécher les doigts...

17 septembre

Depuis le 1er septembre, la famille s'éparpille. Les coordonnateurs et agents de groupe vont attendre leurs participants dans les douze camps de formation où on mettra en pratique ce qu'on vient d'apprendre au Labyrinthe. Il y en a partout, dans tous les coins perdus du pays, de préférence près d'un lac, en pleine montagne... J'aimerais bien aller les visiter tous, faire connaissance avec ces centaines de participants à qui on pense toute l'année sans presque jamais les voir... Ce serait un sacré voyage ! On n'a pas les moyens ! Aïe ! la Malaysia est à Crescent Beach, Colombie-britannique... Le Guatemala à Howen Sound, dans la même lointaine province... Les Philippines à Exshaw, Alberta... On voit même pas ça sur la carte ! La Colombie à Midnapore, en Alberta aussi... L'Indonésie et le Sri-Lanka à Port Carling, Ontario... Le El Salvador à Dunrobin, Ontario... Ça se rapproche ! La Gambie à Cap-Pelé, Nouveau-Brunswick... Haïti à Tidnish, Nouvelle-Ecosse... Les autres sont au Québec, ça va mieux ! Le Sénégal à Sainte-Lucie, la Côte d'Ivoire au Lac Carré et la Tunisie à Sainte-Agathe...

Au moins, j'irai dans les Maritimes. Le bureau régional m'a organisé une super-série d'interviews à la radio et à la télévision, et une conférence de presse pour les journaux locaux. Faudrait faire ça partout, à l'année, tellement les gens sont distraits. On s'essouffle en explications, on s'époumonne en aimables descriptions, on se décarcasse, on se tue au baratin, et le lendemain matin, on rencontre un vieil ami, sympathique et tout : *il n'a jamais entendu parler de Jeunesse Canada Monde !* Il appelle ça Canada Monde Jeunesse... et croit que c'est « comme le Peace Corps » ! Faut tout recommencer. A partir de zéro ! Pour un gars ! On doit bien être vingt-deux millions dans le pays... J'en aurai pour la vie !

Avant l'avion, il me reste quelques heures. J'irai voir les « Haïtiens » en plein camp de formation, au Cap Pelé, tout près, au bord d'une mer grise, sans doute moins chaude que la mer des Antilles. Dans notre jargon, bien sûr, les « Haïtiens »

111

ça inclut les participants canadiens. Eux-mêmes s'appellent « haïtiens ». Ils baragouinent le créole, déjà...

Bon lunch avec une bande joyeuse en noir et blanc. Je retrouve Jean Lindor, le sérieux coordonnateur haïtien, Melody Reznick, merveilleuse fille de Victoria, à l'autre bout de la terre. C'est plus loin que Port-au-Prince ! Son mari Allen, le coordonnateur canadien, très intense, très attentif aux participants. On bavarde... On rigole... Tu viens d'où ? Les heures passent vite. Ça finit par un petit concert improvisé pour le président et pour les gens des alentours, attirés par les échos de meringue, les danses langoureuses, les beaux doux chants créoles... Un grand garçon noir n'a pas de chanson. Il s'appelle Dany Laferrière. Il nous propose un poème de son île : « Je l'ai choisi parce qu'il devrait inspirer Jeunesse Canada Monde... » Il a raison, Dany. Du beau poème, voici les quelques lambeaux qui me restent :

Vous qui, par l'ardeur des rêves d'hommes et l'aventure du dépassement, avez glissé sur le Cité Merveilleuse du Silence,

Soyez des nôtres pour le partage, autour de la table, des nourritures de la terre et du soleil...

Et dites-nous ce que là-haut vous avez vu dans le vide plein d'étoiles...

Avez-vous vu la faim célébrer sa messe noire sur le ventre d'un enfant...

Il y a les terres brûlées de l'Amérique du Sud, la peau calleuse de l'Afrique, le cercle de mort de la Caraïbe, la stupeur des baisers taris.

Avez-vous vu le Rio des favellas comme des coins de crasse sur le corps d'une femme belle et forte, le Roi Pelé jouer au foot-ball au Capitole ?

Il y a mon pays, ses meurtrissures, sa fête océane, son langage de fleur, ce peuple-ci comme un essaim de lampes folles sur la piste des dieux.

Avez-vous vu s'arrêter dans les yeux des femmes arabes les ruisseaux blancs de Palestine comme des amours interrompues ?

Il y a la mer morte, les gibets de Galilée, les toits immenses des prisons d'où la vie goutte à goutte s'écoule...

Comme d'une blessure le sang, avec l'amour, les flammes, les chants...

Mais qui parlera de paix si la liberté couche sous un seul toit ?

Si votre cruche n'arrive pas à la soif de votre frère, parce que sa chaîne ne le conduit pas jusqu'à vous[1]...

Après ça, on a pas trouvé beaucoup à dire... On s'est quitté. On pensait à la cruche. Faudrait qu'elle arrive, un jour...

Tout près, à Tidnish, Nouvelle-Ecosse, il y a encore un camp, celui des « Gambiens ». Je retrouve le grand fil noir coordonnateur de Gambie, N'Japaly Ngum. Ce matin, il faisait la une des journaux de Moncton. Ils finiront par savoir où c'est la Gambie, un jour, les gens de par ici... Je retrouve Pierre Léger, coordonnateur canadien, vieil Africain déjà. Il était en Côte d'Ivoire, l'an passé. On se rappelle nos bons souvenirs ivoiriens, même les autres... Acadien, il a abouti par hasard dans son pays. Son camp aurait pu tout aussi bien se trouver à Crescent Beach, Colombie-britannique. Ça manque d'Acadiens par là !

Ils ont l'air en bonne forme, les participants. Commencent à se débrouiller en français et en anglais. Leur créole à eux s'appelle le *mandinka*. Dans quelques jours quand ils se connaîtront mieux, ils se diviseront en trois groupes. Une quinzaine de participants par groupe, moitié gambiens, moitié canadiens. Leurs premiers chantiers de travail les attendent, tout alentour. D'abord les jardins communautaires de Saint-Isidore et le centre de sylviculture de Saint-Ignace. Ensuite, ils iront travailler à Saint-François de Madawaska et à Springhill, en Nouvelle-Ecosse.

Le foutu avion m'attend. Salut ! les Gambiens ! Je ne les reverrai peut-être jamais de ma vie... Quelle existence !

---

1. Extraits d'un poème de René Philoctète, poète haïtien.

23 septembre

Journée à Ottawa. Ce qu'il faut y aller souvent à Ottawa !
Expliquer, convaincre, se débattre... Les agents de police
commencent à me reconnaître, au coin des rues ! Sans parler
des députés et des fonctionnaires... Après mes petites affaires,
je vais saluer les « Salvadoriens ». Leur camp de formation est
à une demi-heure de voiture, dans un joli bois, près de Dunrobin. Les deux coordonnateurs m'attendent. Nancy Sherman, la
Canadienne, et Miguel Angel Gil, le Salvadorien. Tous les
deux parlent couramment les trois langues officielles du camp !
D'ailleurs, je tombe en plein meeting, en pleine discussion trilingue. Français, anglais, espagnol. Les participants posent des
questions à la personne-contact responsable des projets de travail dans la région, Murray Leiter. Un gars vraiment dynamique. Il en faudrait des milliers comme lui, de par de monde[2].
Pendant le premier projet, on vivra dans des familles outaouai-
ses. Pour chacune de ces familles ce sera aussi l'aventure. Elles
attendent impatiemment leur Salvadorien mystère, leur Québécoise encore unilingue, leur pivelé de Saskatoon... Les Salvadoriens ne parlent que l'espagnol. Malgré tout, elles vont en
apprendre, les familles, sur le mignon El Salvador, si petit, si
fier... Ses origines mayas, ses volcans, ses plages de sable noir,
ses misères aussi... Ils vont en découvrir des choses les Salvadoriens... La laveuse à vaisselle automatique... Le tire-bou-
chon à air comprimé... Le garage à porte télécommandée
avec deux autos dedans... Le luxe des familles canadiennes
moyennes... Et leur amitié ! On discutera de tout ça, le soir,
autour de la table. On essayera de comprendre malgré tout.
Imaginer ensemble des moyens d'atteindre à une plus grande
justice pour tous, la seule tâche importante du siècle. Foutu
siècle ! Il agonise dans l'égoïsme des uns, la misère des autres...

En attendant, les Salvadoriens sortent les guitares. Avec
leurs camarades canadiens, ils chantent leur joie d'être ici...

---

2. Quelques mois plus tard, il allait revoir « son groupe », à ses frais, au
El Salvador.

9

De Pendicton, C.-B., à Chicoutimi, Qué.

20 octobre

Il se passerait quelque chose d'important à Halifax. Très important pour la publicité de Jeunesse Canada Monde dans toute la province. On est mal connu par là. Mal perçu aussi. Forcément ! Le bureau régional insiste pour que je m'amène à Halifax au plus coupant.

Tout a commencé à Springhill, Nouvelle-Ecosse, où travaillent une quinzaine de « Gambiens » (c'est-à-dire un groupe moitié-canadien, moitié gambien). Deux sérieux agents de groupe : Alice de Wolff et Bakary Kolly. Nos participants ont fait une impression énorme dans la petite ville... On n'y parle plus que de la Gambie ! Depuis des semaines ! Les familles s'arrachent les participants ! Il y a même un conseiller municipal qui les a en pure adoration. Il s'appelle Merle McBurnie. Chaque jour, il s'ingénie à leur faire découvrir un aspect nouveau de sa Nouvelle-Ecosse. Puis, ce fut le grand coup : il emmènerait tous ses chers « Gambiens » à Halifax. Leur montrer la ville de fond en comble... Leur présenter toutes les sommités de la place... Le lieutenant-gouverneur, le premier ministre, le maire et tout et tout... Ah ! un furieux organisateur, McBurnie ! Fallait voir ça !

On se retrouve d'abord à l'hôtel de ville, en pleine salle du conseil, avec un maire Edmond Morris en excellente forme. Il nous a fait un fameux discours sur Halifax. Je n'ai jamais tant appris en vingt minutes ! Les origines de la ville, l'histoire de la province entière, de l'Acadie, du Canada... On l'aurait un peu encouragé, le monde y passait ! Mais le McBurnie a son petit programme en tête. Pas une minute à perdre ! Allez, mes enfants ! Le premier ministre nous attend, au parlement, à trois coins de rue... Ah ! j'en oubliais de parler du coup des « Haïtiens » ! Il y a un groupe à Truro, pas très loin de Springhill. Ayant eu vent de l'affaire, ils ont envoyé presto un émissaire à Springhill, voir si McBurnie ne les emmènerait pas à Halifax, eux aussi. Et McBurnie avait dit oui... Allez mes enfants ! Faut être au parlement dans huit minutes ! On courrait dans les rues de Halifax, à la queue leu leu... Une trentaine de Gambiens, d'Haïtiens, de Canadiens... Un spectacle !

Le premier ministre Reagan est en bonne forme lui aussi. Dans son discours, il a bien épaté les Gambiens en leur parlant d'un excellent ami qu'il avait là-bas, en Gambie. Un ministre. Il rassemble tous les Gambiens pour la photo de famille, lui au milieu : « Je dois le revoir bientôt, votre ministre... Je lui apporterai la photo... » On applaudit. Je congratule Reagan. Tout va bien se terminer quand tout à coup l'agent de groupe canadien du groupe d'Haïti se lève. Il s'appelle Larry Martin, un anglophone de London, Ontario: « Monsieur le premier ministre, dit-il d'une voix sereine, je vous remercie moi aussi de vos bonnes paroles, mais j'aurais bien une petite faveur à vous demander. Vous savez, mes Haïtiens, et même quelques participants canadiens-français, ne comprennent pas encore très bien l'anglais... Alors, seriez-vous assez bon de nous parler aussi en français... » Je suis à côté de Don McDougall, notre membre du conseil d'administration d'Halifax. On se laboure de coups de coude. Voilà la gaffe ! Quand tout allait si bien ! On est pour le bilinguisme et tout mais, quand même, certains jours, à Halifax...

Le premier ministre se relève et paf ! il nous fait un petit discours dans un français très passable ! « Bonne idée ! dit-il. Ce sera mon première expérience... Depuis des mois, je suivis des cours de français, une heure chaque matin... Il était

temps que je lance moi en public, etc . . . » Ainsi s'écrit l'Histoire . . .

Ouf !

Du parlement, derrière un McBurnie de plus en plus sur-
volté, on rapplique en vitesse à la résidence du lieutenant-gouverneur, le Dr Clarence Gosse. Vieille splendide maison, aide-
de-camp chamarré, hors d'œuvre, petits fours, café . . . Le
grand style ! Le Dr Gosse et sa femme s'intéressent vraiment.
velles se précisent . . . On parle de dizaines de milliers de
biens, haïtiens, canadiens . . . Ils en expliquent un bon bout, les
participants, tout en engloutissant quelques milliers d'olives
farcies. On aurait pu continuer des heures, la réserve d'amuse-
gueule de notre hôte paraissant illimitée. Mais McBurnie a
peur que ça nous coupe l'appétit : le ministre du Tourisme
nous offre le dîner à bord du célèbre *Blue Nose II,* ancré dans
le port d'Halifax. Faut pas laisser refroidir la soupe aux huî-
tres, pense McBurnie. Le *Blue Nose,* c'est une pure merveille . . . Quelle chaloupe ! Quelle allure ! Si on partait tous
ensemble ? Un peu voir Haïti, la Gambie, au bout de la mer ?
McBurnie n'y avait pas pensé ! Le vieux capitaine est vrai per-
sonnage de film de corsaires . . . Lui manque juste un sabre et
un bandeau noir sur l'œil . . . Raconte aux Haïtiens beaux souvenirs de l'époque où il allait chercher des cargaisons de bananes et de doux rhum Barbancourt à Port-au-prince, au Cap
Haïtien, à Port-de-Paix . . . Une aventure n'attend pas l'autre.
Assez ! implore McBurnie . . . Les autobus s'impatientent ! Autobus fournis par le ministre, bien sûr, pour visiter la ville par
le menu, voir tous monuments, églises, phares, quais, parcs,
tout . . . Comme j'ai fait ça déjà, en 1948, je file à l'anglaise.
Sur le chemin de l'aéroport, je me farcis encore deux interviews de radio et de télévision. Pour le principe ! Ne jamais ra-
ter une occasion de baratin sur Jeunesse Canada Monde. A
force, on finira bien par se faire comprendre . . . On les aura à
l'usure !

21 octobre

A la Maison, c'est tout à coup le calme plat. Presque trop calme. Ça inquiète ! De temps en temps, on apprend qu'Ian Elliott est parti en catastrophe voir un groupe qui va mal. Ça arrive ... C'est pas des anges nos participants ! Finit toujours par revenir avec de bonnes nouvelles, Ian. Il aura discuté avec le groupe des heures, des jours si nécessaire, mais il aura réglé le problème. Ah ! ce qu'il peut en surgir toutes sortes de petits pépins dans une galère pareille ! Avec quarante-cinq groupes dispersés dans autant de villes et de villages échelonnés sur une distance de quatre mille milles ! Le plus étonnant, c'est que ça finisse toujours par s'arranger. Les semaines passent, les chocs culturels s'atténuent, on commence à se connaître, à se comprendre, la vie de groupe s'organise ...

Dans deux semaines, plus ou moins, tout le monde déménagera dans quarante-cinq autres villes et villages. On les attend, nos participants. Il y a partout des McBurnie qui s'ignorent encore ... Deux exceptions, cette année : la Tunisie et le Guatemala. D'accord avec ces deux pays, on tente une expérience. Faut en faire des expériences à Jeunesse Canada Monde, des chambardements, des ajustements, des remises en question, des révolutions ... Faut que ça bouge tout le temps ! Inventer chaque jour ! Après tout, on existe depuis quatre ans à peine. Un petit enfant qui a bien des choses à apprendre ... Toujours est-il que les Tunisiens et les Guatémaltèques n'auront qu'un seul projet de travail au lieu de deux ; l'inconvénient de connaître une seule région du Canada sera peut-être compensé par le fait de voyager en profondeur, de vraiment comprendre une communauté canadienne, de s'y intégrer à fond. Et surtout, pour les participants des pays d'échange, d'avoir des stages d'étude et d'apprentissage prolongés, sans doute plus fructueux. Sont tellement avides de connaître nos sacrées techniques, d'en faire profiter leur pays ensuite !

Par exemple, le groupe des « Guatémaltèques », dirigé par Ted Swanson et Wolfgang Gomez Palomo, passera toute la partie canadienne du programme, quatre mois, en Colombie-britannique. Manqueront la neige, les malheureux !

Entre autre, le groupe fera des études sur l'irrigation dans la région de l'Okanagan, aux alentours de Pendicton. Etudes d'autant plus pertinentes pour les participants guatémaltèques que la géographie et le climat de cette partie de la vallée de l'Okanagan ressemblent en plus d'un point à ceux du Guatemala. Or, sans programme d'irrigation, il est à peu près impossible que le Guatemala puisse songer à l'expansion de son secteur agricole actuel. Par leur travail pratique, leurs recherches, les participants pourront acquérir des méthodes d'entretien de ces systèmes, tout en rendant des services appréciables à la communauté au plan de la recherche et de l'entretien de l'équipement. Les participants vivront en groupe dans des logements fournis par les services forestiers de Pendicton. Merci bien !

Pendant ce temps-là, l'équipe des Philippines avait des préoccupations tout à fait différentes. Elle voulait s'associer aux efforts canadiens de développement communautaire et s'initier à nos méthodes. Ça se passera à Edmonton où notre bureau régional s'est assuré la collaboration de deux groupes d'action communautaire de la ville.

La moitié de l'équipe a travaillé avec Communitas, un centre de ressources communautaires. Il s'agissait d'une enquête sur les résidents d'un vieux quartier qui traverse actuellement une période de changement au niveau du logement : on passe de l'unité de logement unifamiliale à l'unité multifamiliale. Deux participants francophones mènent l'enquête auprès des francophones du quartier. L'ensemble de l'équipe réalisera une présentation audio-visuelle du problème, après avoir eu des rencontres régulières avec les personnes-ressources du milieu. Pendant les week-ends, toute l'équipe réunie discute le travail de la semaine, les problèmes des groupes, elle s'initie aux problèmes plus complexes du développement international, préoccupation majeure de Jeunesse Canada Monde.

L'autre moitié de l'équipe travaille dans un autre quartier d'Edmonton, au Centre des services communautaires. Tous les participants philippins et canadiens vivent dans des familles de leur quartier.

Un peu plus à l'est, dans la région de Meadow Lake, Saskatchewan, on pouvait trouver un groupe bien homogène de jeunes Colombiens et de jeunes Canadiens. Orientés vers l'agriculture, ils habitent chez des fermiers, participant à la vie familiale autant qu'à la vie de la ferme, faisant les récoltes, apprenant à soigner les animaux, mettant en conserve les légumes du jardin, réparant la machinerie, etc... Une bonne part du travail est pratique, mais les participants qui veulent vraiment en apprendre plus long peuvent se familiariser avec l'administration d'une entreprise agricole, l'entretien de la machinerie et, de façon générale, avec tous les aspects socio-économiques de la vie rurale. Travaillant sur « leur » ferme durant la semaine, les participants colombiens et canadiens se retrouvent au cours des week-end pour comparer leurs expériences, discuter de ce qu'ils ont appris... et voir aux affaires de l'équipe ! Pendant leurs temps libres, ils donnent des causeries sur la Colombie, sur le développement international, sur Jeunesse Canada Monde et sur bien d'autres choses encore...

Ça serait un peu long de décrire, même aussi succinctement, les projets de travail des groupes des douze pays éparpillés dans neuf des dix provinces canadiennes. Parlons au moins des « Tunisiens » de Mohamed Ben Kilani et de Serge Larrière, bien installés, jusqu'à la mi-décembre, au Saguenay-Lac-Saint-Jean. Ils sont une soixantaine, divisés en quatre groupes. Il y en a un à Chicoutimi, celui qui s'intéresse aux communications, aux techniques audio-visuelles. Les participants vivent dans des familles québécoises, par paire. Un Tunisien et un Canadien. Le groupe se retrouve au travail, le soir, durant les week-end. Les participants suivent des cours donnés par un spécialiste du Service audio-visuel du CEGEP de Chicoutimi et travaillent au poste de radio CBJ de Radio-Canada, à CHUT-FM, poste privé à orientation communautaire, au poste de télévision CJPM-TV, au journal *Le Quotidien,* à l'hebdomadaire *Le Progrès*... Quelques-uns s'occupent de la production d'un document audio-visuel sur la Tunisie, Jeunesse Canada Monde et Chicoutimi. J'ai hâte de voir ça !

Plongé dans le service social, le deuxième groupe est également installé à Chicoutimi. Les participants travaillent au Centre d'entraînement à la vie (accueil de jeunes handicapés physiques et mentaux), à l'Institut Roland Saucier (centre d'accueil pour handicapés adultes). Ils reçoivent une formation en travail social et en éducation spécialisée, visitent les petits centres maintenus par ces organismes un peu partout dans la région... D'autres s'agitent à l'Institut Saint-Georges (rééducation sociale, délinquance juvénile), à la Coopérative des producteurs-artisans de la Baie, formée par des handicapés physiques pour la production agricole en serre... Partout, nos participants s'intègrent à tous les niveaux d'opération, de la gestion au travail manuel. Ils n'auront pas le temps de s'embêter !

A Alma, on retrouve le troisième groupe, les « spécialistes » en animation socio-culturelle et en loisirs. Ils se sont infiltrés partout, nos participants. Dans le Conseil régional des loisirs, le Service des loisirs, le CEGEP d'Alma, les polyvalentes... Le jour du départ, on aura du mal à retrouver tout ce monde-là !

Reste encore un groupe, perché à l'autre bout du Lac, à Saint-Félicien. Au CEGEP, on étudie la biologie, la psychobiologie (aïe ! qu'est-ce que c'est que ça ?), on travaille au pavillon des sciences naturelles du Jardin zoologique, sorte de laboratoire pour les étudiants. On travaille aussi de ses mains : aménagement, construction, entretien du zoo...

22 octobre

Le boulot manque pas, ces temps-ci, à la Maison. Une vraie ruche ! Ça bourdonne dans tous les coins ! Un meeting n'attend pas l'autre ! Tous les matins, Pierre Dionne s'amène avec sa fichue liste. Les problèmes à régler, les tâches à entreprendre, les démarches à faire... Il m'assomme dès neuf heures, sitôt que je mets le pied au Labyrinthe. En insinuant qu'il me laisse les tout petits problèmes, les tâches mignonnes... Comme par exemple d'aller convaincre la Communauté urbaine de Montréal de nous amener le service d'autobus à la porte du Labyrinthe... De persuader le premier ministre Bourassa de nous rallonger quelques dizaines de milliers de dollars en plus de ce qu'il nous donne déjà... De trouver cent, deux cent mille dollars quelque part... C'est urgent ! Des bagatelles, en somme. Enfantin ! Trois coups de téléphone devraient suffire, qu'il dit, Pierre Dionne, l'infâme ! Pas étonnant que je trouve rarement une minute pour aller voir les groupes, sur le terrain. Là où se passent les choses vraiment importantes...

23 *octobre*

Petit voyage d'affaire à Toronto. Deux, trois jours, pas plus. J'en profite pour rendre visite, à la sauvette, à deux groupes des alentours. Sri-Lanka à Guelph, l'Indonésie à Orangeville. La Communauté urbaine de Montréal n'aura qu'à attendre !

Le coordonnateur canadien du Sri-Lanka, c'est un ancien journaliste, Bill Gussen. Faits pour s'entendre, lui et moi. En route vers Guelph, il me parle des « problèmes » du groupe que nous allons voir. Quand les problèmes sont aussi mineurs, c'est que tout va bien. Par exemple, dans la maison où loge le groupe, il n'y a pas de douche. Pour se baigner, faut marcher un mille, jusqu'au gymnase des étudiants. La maîtresse de maison ne peut pas supporter l'odeur du tabac, alors les fumeurs doivent fumer dehors. Des riens de ce genre-là...

Rencontre avec les deux agents de groupe, Risa Smith de Downsview, Ontario, et Illangage Mahinda. Visite de la ferme laitière expérimentale de l'Université de Guelph où plusieurs participants travaillent, apprennent des techniques nouvelles à rapporter au Sri-Lanka où on veut développer l'industrie laitière. Bon souper à la cinghalaise avec les participants. Ont tous l'air heureux... Motivés... Sérieux... Hélas ! ce n'est pas en deux heures qu'on peut connaître quinze garçons et filles venus de quatre régions du Canada et d'une petite île de l'océan Indien !

24 octobre

En route pour Orangeville. Je suis pris en charge par Doug Taylor, coordonnateur canadien de l'Indonésie, et Sutirto, son compère indonésien. On rejoint les deux agents de groupe : Risti Saïd, si gentille, le sourire de son père, le colonel Mohamad, et Robert Leferty, gars solide, pétant de santé. Il a une ferme dans les alentours, il y reviendra l'an prochain, après l'Indonésie.

Visitons d'abord une ferme-école pour jeunes délinquants où travaille Bill Grove, participant d'Halliburton, Ontario. Il s'entend à merveille avec les adolescents perturbés qui l'entourent. La semaine prochaine, tout le groupe leur organise une fête du tonnerre avec danses indonésiennes, en costume national et tout...

Allons ensuite à l'hôtel de ville où fait un stage Ratta Aritonang, jeune participante indonésienne qui a quelques études en administration publique. Tout de suite, elle a été adoptée par l'administration municipale d'Orangeville. On l'adore. Du maire jusqu'aux pompiers... Les chefs de service se l'arrachent, veulent tout lui expliquer, tout lui montrer... En six semaines ! Si j'étais maire de Jakarta, je me méfierais !

Le groupe a fait beaucoup d'effet à Orangeville. On parle des participants dans le journal, à la radio... On leur organise des fêtes, des soupers de famille, des balades à la campagne, même des tours en avion privé pour aller voir Orangeville d'en haut... Pas trop haut ! On ne verrait plus rien ! Population d'Orangeville : 8,074 habitants...

Ici, les participants vivent dans des familles, ce qui facilite beaucoup l'intégration dans la communauté même si la vie de groupe en souffre un peu. C'est dans une de ces familles que tout le groupe se réunit pour le dîner avec le président. Les hôtes, un médecin et sa femme, ont juste le temps de me serrer la main. Ils partent en voyage pour deux jours, abandonnant à une quinzaine d'étrangers, des jeunes par dessus le marché, une belle maison bourrée de trésors de famille. Sans doute parce que, précisément, nos participants ne sont plus des étrangers . . .

Après un petit banquet indonésien, les participants s'abattent sur les guitares, le piano, l'harmonium . . . On chante du folklore indonésien, canadien-français, canadien-anglais . . .

10

Catastrophe au Guatemala

4 février 1976

Des bulletins de nouvelles angoissés apprennent au monde que le Guatemala vient d'être secoué par un tremblement de terre. Les rapports sont confus. Mais on devine que c'est grave. Il est question de milliers de morts !... A confirmer. Les nouvelles se précisent... On parle de dizaines de milliers de morts !... Impossible de rien vérifier. Les communications sont complèment perturbées dans le pays...

Le matin du tremblement de terre, notre coordonnateur, Ted Swanson, réussissait à rejoindre par radio trois des cinq groupes de participants distribués dans autant de régions du pays. Tous étaient sains et saufs ! Il est incapable d'atteindre le groupe de San Juan Chamelco. On sait au moins que les dommages n'ont pas été très importants dans cette région. Ce qui inquiète sérieusement Ted, c'est le groupe de Zacapa, en plein dans la zone la plus durement frappée. Aucun moyen de communiquer avec Zacapa de quelque manière que ce soit. Le téléphone et le télégraphe ne fonctionnent plus dans le pays. Les routes sont partout bloquées, les ponts démolis. Le seul espoir, c'est d'aller à San Salvador, heureusement tout près et d'essayer de là, d'avoir des nouvelles de Zacapa par la Croix rouge salvadorienne qui a établi un pont aérien pour apporter des secours. Mais la démarche ne donne rien !

Ian Elliott, notre directeur-général adjoint, se trouve justement au El Salvador où il rendait visite à notre équipe dans ce pays. Avec Ted, il se dirige aussitôt à Guatemala Ciudad, belle ville déjà détruite à moitié. Les gens vivent dans la rue. Leur maison a été démolie ou ils craignent la prochaine secousse sismique, le coup de grâce à des murs déjà fissurés. Tout est consternation, angoisse, désespoir... Pas de nouvelles du groupe de Zacapa. Enfin, Ted retrouve le groupe, ébranlé mais à peu près intact, dormant à la belle étoile, dans le Parc Central, avec des milliers d'autres Guatémaltèques sans logis... Tant bien que mal, les participants avaient réussi à quitter leur ville en ruine et à atteindre Guatemala Ciudad avec d'autres réfugiés.

6 février

Enfin rassuré sur le compte de tous les participants, Ian retourne à San Salvador, la ville la plus proche d'où il pourra téléphoner à Montréal et nous permettre de téléphoner à notre tour aux parents affolés non sans raison. Une seule participante, Jocelyne Desrochers d'Edmonton, blessée à une main, doit être rapatriée. Quelques autres, victimes de chocs nerveux, devront éventuellement la suivre. Mais l'ensemble du groupe décide de rester au Guatemala pour secourir les sinistrés, les aider ensuite à reconstruire leurs pauvres villages détruits. Dès le premier jour, les autorités gouvernementales avaient annoncé qu'elles ne voulaient pas de volontaires étrangers. On n'aurait pu ni les loger ni les nourrir. Elles insistent cependant pour que reste l'équipe de Jeunesse Canada Monde, déjà parfaitement intégrée dans le pays, parlant assez bien l'espagnol : « Nous avons besoin de jeunes de cette trempe ! » dit à Ian le responsable des secours, M. Hans Lagarud.

Les vingt-quatre participants canadiens et leurs vingt-quatre camarades guatémaltèques avaient vécu et travaillé ensemble pendant quatre mois dans leurs chantiers de Colombie-britannique : irrigation, agriculture, reforestation... Depuis le début de janvier, ils étaient au Guatemala, œuvrant dans les mêmes domaines, notamment avec Desarrollo de la Communidad, organisme gouvernemental de développement commu-

126

nautaire. C'est avec le directeur de Desarrollo que les deux coordonnateurs et Ian Elliott décident d'une nouvelle stratégie. Dans l'immédiat, nos participants s'associeront à d'autres organismes d'aide pour distribuer vivres, médicaments et couvertures aux plus nécessiteux. Fin février, ils seront répartis dans six localités parmi les plus détruites, localités que les divers organismes de secours internationaux semblent avoir oubliées : Jojabaj, San Jose Poaquil, Sanarate, Rio Hondo, Gualan et El Progreso. Dans cette dernière petite ville, par exemple, 1,800 des 10,000 habitants ont été tués dès la première secousse sismique, *toutes* les maisons et les édifices sont en ruine...

La première mission de chacun des groupes, auxquels s'étaient jointes des petites équipes de Desarrollo de la Communidad, fut de distribuer médicaments et nourriture et d'établir un plan de travail avec les comités d'urgence locaux, l'armée et tout autre organisme de secours. Ensuite, nos participants ont dressé l'inventaire des dommages, maison par maison, édifice par édifice, pour établir la liste des besoins les plus immédiats au plan des matériaux de construction. Puis, ils s'attaqueront à la reconstruction elle-même, dans la mesure de leurs faibles moyens. Moyens ridicules face à l'énormité de la tâche ! Ian Elliott s'en rend bien compte et rentre en vitesse au Canada pour essayer de sensibiliser le gouvernement, l'opinion publique... et Jeunesse Canada Monde. Il est convaincu que le Canada doit faire plus et mieux qu'il ne fait pour ce petit pays qui, en *trente-neuf secondes,* a été transformé en une terre de désolation : 22,778 morts, 76,504 blessés, 200,000 maisons et plus de la moitié des écoles détruites... Un Guatémaltèque sur six est sans abri... On évalue les dommages matériels à cinq milliards de dollars ! Pour un petit pays en voie de développement, c'est une catastrophe inouïe. On mettra des années et des années à s'en remettre...

9 février

Encore épuisé par l'expérience des derniers jours, Ian se multiplie et cherche à sensibiliser le plus de monde possible à la cause du Guatemala : « Je viens de vivre un vrai cauchemar, nous explique-t-il. A toutes les dix minutes, les haut-parleurs installés dans les rues de la ville annoncent que de nouvelles victimes ont été retrouvées sous les décombres et les autorités demandent à la population de se rendre à l'église pour les identifier. Il n'y a plus un commerce d'ouvert. Les prix, pour le peu de nourriture qui peut atteindre la capitale, ont monté en flèche. Quoique les pillards soient traqués par la police et abattus à vue, plusieurs cas sont rapportés... Les chiens affamés tentent de déterrer les cadavres qu'on vient d'ensevelir sous quatre pieds de terre... Les coups de feu éclatent de toute part pour les abattre... Un million et demi d'êtres humains vivent dans la peur, grelottant dans la rue (il fait froid en cette saison), sous des tentes de fortune... Personne ne veut retourner à sa maison parce que les secousses sismiques ne cessent pas, on vit dans l'appréhension d'une autre grande secousse... »

Avec la ferveur du témoin, de l'homme sensible aux autres, Ian Elliott réussit à nous convaincre tous que Jeunesse Canada Monde doit aider plus directement les Guatémaltèques en collaboration avec Desarrollo de la Comunidad. Ce serait une façon d'être vraiment solidaire des participants restés sur le front de la peur et de la misère...

13 février

Nous organiserons donc un Fond de secours au Guatemala ! C'est décidé ! Même si nous n'avons aucune expérience dans ce genre d'opération. Même s'il est bien tard. Déjà les grands organismes spécialisés comme la Croix rouge, Oxfam, etc. ont obtenu les souscriptions d'un public chauffé à blanc par les terribles nouvelles arrivant d'heure en heure du Guatemala. Déjà, les médias ont fait leur effort, sont à la recherche d'autres nouvelles, d'autres causes... Après neuf jours d'horreur, le Guatemala intéresse un peu moins ! Fort heureusement, Roger Lemelin, président et éditeur de *La Presse,* décide de nous aider malgré tout. Il me cède la moitié de la première page du journal pour lancer un appel, faveur que *La Presse* n'avait encore jamais accordée à quelqu'un de l'extérieur. Il enverra au Guatemala, avec Ian, un de ses meilleurs journalistes, Marcel Pépin. Le journal publiera des annonces régulièrement pendant un mois. Et, comme première contribution au Fonds, Roger Lemelin me remet tout de suite un chèque de $5,000... Paul Desmarais qui se trouvait là par hasard dit tranquillement à Lemelin : « Fais-lui donc un autre chèque de $5,000... » Et je n'avais encore rien demandé !

Nous manquons de temps et de personnel pour aller déclencher des réactions pareilles dans le reste du pays, mais nos bureaux régionaux se mettent en branle avec les moyens du bord. Ils lancent un S.O.S. à nos anciens participants qui viennent à la rescousse chacun à leur façon. Par exemple, Ted Ross (Indonésie, an III) organise un jeûne public de quarante-huit heures avec une vingtaine d'étudiants de Windsor, Ontario : il ramasse $300 pour le Fonds de secours au Guatemala. Beaucoup d'écoles auront été sensibilisées aux problèmes du Tiers-Monde à l'occasion de la tragédie guatémaltèque. Ainsi, une école de Scarborough, Ontario, le Charlottetown Public School, a réuni la somme de $2,100 dollars. Le Collège Stanislas de Montréal, par toutes sortes de moyens ingénieux, réussit à ramasser $2,200. En fait, l'argent entre au bureau par milliers de dollars chaque jour ! Au fur et à mesure, on transfère les fonds à Guatemala Ciudad dans un compte de banque conjoint établi aux noms de Desarrollo de la Comunidad et Jeunesse Canada Monde. Tous les matins ou à peu près, les deux organismes se concertent dans le but d'utiliser le plus efficacement possible chaque dollar reçu[1].

Le malheur du Guatemala était sans doute trop spectaculaire pour qu'on ne réagisse pas du tout. Les Canadiens ont posé quelques gestes. Bien timides... Au moins c'était donner des signes d'humanité à des frères inconnus et souffrants. A l'occasion d'une catastrophe, c'est mieux que rien, c'est sûre-

---

1. En argent et en nature, la campagne devait rapporter plus de $100,000.

ment utile. Pour changer le monde, pour qu'on n'ait plus besoin de la charité parce qu'il y aura la justice, il faut aller beaucoup plus loin. Payer de sa personne... Etre toujours présent au malheur des autres... S'identifier aux pauvres du monde... Vivre leurs tremblements de terre, leur raz-de-marée, leurs famines... Vivre surtout leur dénuement quotidien... A ce prix-là seulement la jeunesse des pays trop heureux pourra-t-elle être sensibilisée en profondeur à l'injustice de l'ordre économique mondial.

Au Guatemala, nos participants ont connu la peur, ils ont un peu souffert du froid, de la faim, de la soif... Un peu, c'est assez pour *savoir!* Ils ont vu mourir des innocents autour d'eux, ils ont risqué leur propre vie... Après quelque temps, après dix-sept cent secousses sismiques, on aurait compris qu'ils demandent de rentrer au Canada. Pour la plupart, ils devaient tenir jusqu'au bout! Ces jeunes ne seront plus jamais les mêmes. Marqués pour la vie. En plein coeur. Cela se devine déjà dans les récits qu'ils nous font de leur expérience. Voici celui de Robin Hood de Havelock, Ontario :

A Zacapa depuis une semaine déjà, nous étions à peu près installés. Nous avions eu le temps de nous habituer aux iguanes qui nous tombaient dessus de temps à autre et connaissions déjà le nom des vingt enfants du voisinage qui jouaient au frisbee dans notre cour. Le travail avec le service d'irrigation du district venait à peine de s'engager. Notre principal problème était de convaincre les responsables de l'irrigation que les femmes du groupe étaient capables de faire le même travail que les hommes. Nous n'avons pas eu le temps de régler ce problème... car le 4 février 1976, à trois heures du matin... *Terremoto*[2].

Je me souviens que j'avais passé la nuit éveillée, inquiète, à écouter les cris des animaux. Cette nuit-là, des bruits étranges résonnaient de toute part — des cris isolés, le son mat des mangues trop mûres tombant sur le sol — et malgré mon épuisement complet en me couchant je n'étais pas parvenue à m'endormir.

Tout d'un coup, il m'a semblé que la terre éclatait sous moi... Une pleine bouchée de plâtre m'apprit aussitôt que je

2. Tremblement de terre.

ne rêvais pas. Fuyant instinctivement entre les murs qui s'é-
croulaient (mon coeur battait à tout rompre) je priais que la
terre ne nous engloutisse pas et que nous ne soyions pas enterrés vivants. Les secousses continuaient, continuaient et j'ai pu
penser alors que ce mystérieux mouvement ne cesserait jamais.
Pieds nus, avançant aveuglément dans les ruines, je débouchai
enfin dans la cour où les arbres n'étaient pas seuls à frémir. Je
hurlais — sans vraiment m'en rendre compte — les noms des
amis encore dans notre maison qui s'effrondrait. Une main
dans le noir : Isabel me rejoignit et ensemble, nous nous frayâ-
mes un chemin jusqu'à l'entrée dont la porte avait été renversée
dans la rue. Nous étions tous vivants... Par les rues, des corps
tremblants, des cris angoissés, des cris déchirants, des visages
poussiéreux striés de larmes.

Partout des gens priant à *Dios* — et moi aux puissances su-
prêmes quelles qu'elles soient. Nous pensions à nos amis, à nos
familles, à Jocelyne, sa main broyée par un pan de mur écrou-
lé. Tout échappait au temps et pourtant en moins de 35 secondes tout était fini, mais nous ne pouvions nous en rendre compte à ce moment-là.

Puis vint la fuite dans les rues encombrées de briques et de
pavés arrachés, bloquées par l'accumulation d'immenses morceaux de ce qui avait été une paisible rangée de maisons dans
ce village innocent. Seule une jeep a pu nous en sortir, et aussi,
le sang-froid des garçons guatémaltèques de notre groupe qui
ouvraient prudemment la marche, soulevant des fils à haute
tension tombés en travers de la route, déplaçant des corps. La
peur nous pénétrait jusqu'aux os : en sortirions-nous vivants ?
La terre continuait de bouger.

La notion du temps nous revenait progressivement. Nous
cherchions l'hôpital ; il était devant nous soudain, comme surgi
du vide ; corps blessés sur des matelas, sous des couvertures.
Nous aussi, d'ailleurs, habillés seulement de nos couvertures,
récupérées au dernier instant... On ne songe pas aux vêtements dans ces moments-là. Nous attendîmes le jour. Chaque
mouvement, chaque secousse sous nos pieds nous replongeait
dans la peur. Les médecins se montrèrent très efficaces pour Jocelyne. Sa blessure dut cependant être nettoyée sans anesthési-
que. Réprimant ma propre angoisse, je lui donnai ma main à
serrer et un cri retenu fit couler quelques larmes au plus fort de
la douleur.

Le jour se fit tout d'un coup, comme une explosion de feu
noir dans le ciel, avec une étoile isolée, pâle, vers la droite.
L'histoire de la nuit apparaissait dramatiquement dans ce ciel

inquiétant. Les cris, les corps, la douleur, le sang... La terre écrasait toutes choses de sa puissance ; si les médecins avaient quelques pouvoirs sur la souffrance, nous étions, pour le reste, impuissants. Nous songions aux autres. Les hypothèses pleuvaient de toutes parts, les rumeurs se multipliaient. Ayant tiré des ruines de notre maison ce que nous pûmes trouver, nous installâmes un camp de fortune dans la cour de la résidence des officiers, mais loin des murs ébranlés. La radio diffusait continuellement des rapports sur les dommages, les pertes de vie, les familles...

Nous avions tous retrouvé un semblant de calme, mais chaque vibration était ressentie comme si nous étions l'extension du corps universel. Après trois jours passés sans fermer l'oeil, ce fut le voyage incroyable vers Guatemala Ciudad où résidaient les familles des participants guatémaltèques. Nous étions dix entassés dans une petite jeep avec toutes nos possessions sur ces routes de terre brisées. Rendus en ville on nous installa sous une cotonnade colorée qui tenait lieu de tente, avec des centaines d'autres réfugiés dans le Parc Central.

Nous étions sortis mais quand je revois la maison, je m'en étonne encore... Seul le mur du devant est encore debout. Cinq de nos voisins immédiats sont morts et 800 dans le village de Zacapa.

Nous sûmes éventuellement que le tremblement de terre avait réveillé les autres groupes qui s'étaient mis en sécurité. Tous étaient sains et saufs. Jocelyne, blessée, encore sous l'emprise du choc et de la peur, rentra au Canada. Nous primes le chemin de Retahuleu qui n'avait pas encore été touché et où nous aurions l'occasion de nous remettre de nos émotions pendant deux ou trois jours, sur la plage. Puis, nous sommes rentrés en ville pour travailler. Nous préparions des colis de lait et faisions la livraison de nourriture et de médicaments à Chimaltenango, en attendant des directives de l'organisation Desarrollo de la Comunidad.

Au cours des dernières semaines, nous nous sommes redivisés en six groupes, avec trois agents de groupe canadiens et trois agents de groupe guatémaltèques. Les groupes s'intégreront aux projets de Desarrollo de la Comunidad.

Nous partons demain avec nos tentes, nos provisions et nos moules à briques. Nous aiderons au déblayage, aux réparations, à la reconstruction et surtout, à la motivation des gens. Nous vivrons avec les populations éprouvées, dans leurs villages rasés, en accord avec la philosophie de Desarrollo de la Comunidad qui veut susciter l'initiative et l'organisation des gens eux-mêmes, dans leur propre milieu. Le travail sera dur, mais nous sommes là et nous nous sentons solidaires de ce pays et de son malheur.

Oui, nous aussi travaillons pour « Guatemala esta en pie ! »[3]

25 février

Ce mois devait être le mois tragique de Jeunesse Canada Monde. Les 22,778 morts, les 76,504 blessés du Guatemala faisaient partie de notre famille la plus proche à cause de la présence de nos participants dans ce pays. Malgré tout, la mort d'un seul garçon de 18 ans, Norman Vopni, est venue ajouter un malheur encore plus intime. Fils d'un fermier de Kenville au Manitoba, Norman était un participant exemplaire. Bien intégré dans son groupe... Profitant à fond de l'expérience... Heureux de découvrir ce monde extraordinaire qu'est l'Indonésie... Son premier chantier était digne du pays : le fameux temple bouddhique de Borobudur dont on a commencé la reconstruction il y a quelques années déjà.

Dimanche le 22, le Ministère de l'Education et de la Culture invite le groupe de Norman, qui a travaillé dur sous un puissant soleil, à aller passer la journée sur la plage Baron, au bord de l'Océan Indien. Les quelque quinze membres du groupe, indonésiens et canadiens, s'avancent prudemment dans l'eau. La pente est douce, les vagues molles... On blague... On rigole... Jusqu'à ce qu'on s'aperçoive que Norman vient de disparaître sous l'eau ! Il est à quelque distance des autres et semble en difficulté ! On se précipite ! On alerte tous les membres du groupe ! Enfin, avec effort, on tire Norman hors de l'eau. Il est lourd et déjà inconscient... Sur la plage, on

---

3. « Le Guatemala est debout ! » Slogan qu'on retrouve partout sur les murs qui ne se sont pas écroulés... (Le groupe de Robin Hood et de Luis Alfredo Donis, agents de groupe, comprenait : Jocelyne Durocher, Colette Nadeau, Isabel Reyes, Amilcar Lima, Fene Cristall, Charles Collin, Rafael Aballos.)

pratique aussitôt la respiration artificielle... Catherine Thompson, l'agent de groupe, et Heather Johnson, une participante, sont toutes les deux instructeurs diplomés de la Royal Life Saving Society et parfaitement qualifiées pour appliquer ce traitement. Elles le font sans interruption pendant deux heures tandis que d'autres participants vont chercher deux médecins dans la ville voisine. A leur arrivée, Norman est déjà mort depuis longtemps...

Il faut savoir les liens qui unissent les participants qui ont vécu et travaillé ensemble pendant plus de cinq mois, l'intensité de leur vie de groupe, pour comprendre l'impact de la mort tragique d'un camarade. Il faudrait plutôt parler d'un frère...

A l'occasion de la mort de Norman, son père a tout à coup découvert Jeunesse Canada Monde et nous en parle avec émotion :

Kenville, Manitoba
Le 31 mars, 1976

Cher Monsieur Hébert,

et cher Jeunesse Canada Monde,

Merci pour votre lettre de condoléances.

Veuillez m'excuser pour n'avoir pas écrit plus tôt à Jeunesse Canada Monde, mais aussi difficile que les choses soient, le temps et le calendrier ne s'arrêtent pas.

Pour commencer, il est très difficile d'écrire sur les derniers chapitres de notre Norman. Nous avons été très occupés seulement à répondre aux lettres, aux cartes, aux messages, etc... Je veux vous remercier sincèrement d'avoir envoyé David Stott[4] ici pour aider à l'organisation et sûrement cela a pris beaucoup de téléphones afin de tout arranger. Votre bureau, les Affaires extérieures et les officiels indonésiens ont dû travailler beaucoup et longtemps afin de faire expédier le cercueil ici. Aussi vous avez été très gentil de permettre à Catherine Thompson et à Michael Miner[5] d'accompagner le cercueil jusqu'à notre

---

4. Coordonnateur du Bureau régional des Prairies.
5. L'agent de groupe et le coordonnateur de l'équipe de l'Indonésie.

134

foyer. Nous avons beaucoup apprécié de les avoir avec nous, et aurions aimé qu'ils puissent passer plus de temps avec nous mais nous avons compris que cela occasionnerait un très grand manque là-bas. Nous savions que les autres participants avaient souffert beaucoup de perdre Norman.

En ce qui nous concerne, nous et notre famille, aucune expression, aucun mot ne peuvent traduire nos sentiments, notre choc et la pensée que Norman ne nous reviendra plus.

Comme une fille d'Indonésie qui aimait beaucoup Norman nous l'a écrit dans une lettre : « Si il y a une irruption volcanique ou un tremblement de terre quelque part dans le monde, cela ne me fera jamais aussi mal que cet accident tragique. »

Nous étions si fiers de Norman, comme nous le sommes de nos quatre autres enfants. En effet, nous étions si fiers et si contents qu'il participe à JCM en Indonésie. Nous-mêmes nous étudiions et nous lisions pour nous informer sur la vie et les coutumes des Indonésiens. Actuellement, c'est assez difficile, mais nous sommes en correspondance avec certains des participants en Indonésie et il y a des chances que nous continuions notre étude. Tout cela est tellement triste parce que nous savons que Norman avait beaucoup à offrir à tous ceux qu'il rencontrait. Il retirait tant de choses du travail même si nous nous rendons compte à partir de son journal qu'il a vécu des moments difficiles au Canada et en Indonésie. Mais il s'élevait au-dessus de tout cela et il voulait foncer avec des connaissances toujours accrues et aider les gens de plus en plus. Il y a seulement quelques mois, des mots comme « participant, » « évaluation », « coordonnateur » nous étaient tous étrangers. Nous ne faisons que commencer à comprendre JCM. Ainsi, Norman s'est adressé aux étudiants de l'école ici à Noël et beaucoup de jeunes gens se sont intéressés à JCM. Les professeurs ont dit qu'il y a eu 35 candidatures mais que depuis la tragédie de Norman, 3 seulement avaient maintenu leur application. Je comprends les sentiments des autres parents... Nous avons également vanté les mérites de JCM, car les gens nous demandent sans cesse ce qu'il faisait, avec qui il était, etc... etc... Nous croyons que JCM est une organisation valable et avons le sentiment que tous les participants y acquerront une plus grande maturité qui profitera au monde entier.

Tant de gens nous ont demandé et nous nous sommes demandé aussi : pourquoi Norman ? Mais il n'y a pas eu de réponse. Nous pensons que Dieu ou le destin ou le sort a eu beaucoup à faire avec la noyade de Norman en Indonésie.

Je tiens à vous réitérer la bonne impression que m'ont faite David, Catherine et Michael. Ils sont si dévoués aux jeunes et à leur travail. J'espère que tous vos leaders ont cette même qualité et cette même compétence. Aussi, Marie Sheehan de Peterborough fut si bonne envers nous en restant une semaine ici.

Pour ce qui est du Guatemala, nous avons été désolé d'entendre parler du tremblement de terre et nous nous considérions fortunés que Norman ne soit pas dans ce pays. J'allais justement envoyé de l'argent au fonds de secours, quand nous avons eu la nouvelle de notre perte tragique. C'est peu dire que de vous affirmer qu'il s'est agi pour nous d'un cauchemar effrayant. Le dernier mois a été très triste. Nous relisons souvent les cartes qui contiennent des messages consolants. J'ai lu ce soir un poème intitulé : « Il ne fait aucune erreur », par A.M. Overton. Nous essayons de continuer dans cette pensée.

Merci pour le beau bouquet de fleurs qui a été envoyé au nom de Jeunesse Canada Monde, qui était à l'église et que nous avons rapporté chez nous.

Si vous trouvez le temps d'écrire encore, je serai très heureux de vous lire.

Sincèrement vôtre,

Rodny I. Vopni.

11

Bonnes nouvelles des Philippines

8 avril

Depuis des mois, il attendait sur mon bureau, le beau document des Philippines. Une brique dans les trois cents pages ! Faut pas le dire à Sylvia Muñoz, la présidente d'Ystaphil, qui me l'a envoyé... Mais trois cents pages, quand même ! Je lirai ça à la première occasion, que je disais, à la première bonne journée tranquille. Finalement, c'est une nuit qui y a passé. Mais quelle nuit fascinante ! En compagnie d'une trentaine de jeunes Philippins et d'autant de jeunes Canadiens, j'ai vécu huit mois de Jeunesse Canada Monde... J'aurais pu faire la même expérience avec n'importe lequel de nos pays d'échange puisque chaque équipe a procédé à une semblable évaluation du programme. L'équipe des Philippines a ceci de particulier qu'elle s'intéressait avant tout à des œuvres sociales : enfants handicapés, garderies, hôpitaux, etc... Au cours des derniers jours, après le dernier chantier, tous les participants se réunissent dans un endroit paisible, souvent au bord de la mer. Animés par les agents de groupe, ils discutent de chacune des étapes du programme, au Canada et dans le pays d'échange. Très souvent, ils répondent par écrit à un questionnaire. Des réponses spontanées, rédigées à la course, destinées aux copains et non pas au président de Jeunesse Canada Monde. C'est d'autant plus passionnant à lire ! Faudrait les citer toutes ! Citer les témoignages des participants des onze autres pays ! Ça ferait un bouquin dans les trois mille pages... Oh ! Alors, au moins citer quelques réflexions typiques des participants de l'équipe des Philippines...

Les Philippins découvrent d'abord leur propre pays...

« J'ai appris les façons de vivre, les coutumes et la culture des gens dans cette région, (Polangui, Albay, Philippines). Oui, il faut admettre que le pays est fait de différentes coutumes et de différentes traditions et que pour comprendre ces coutumes et traditions, on doit travailler et vivre avec les gens. Je viens de ce pays, et pourtant, si je n'avais pas eu la chance de vivre avec les gens originaires de cette région, je n'aurais pas compris leurs problèmes et leur façon de vivre. »

Milagros Celeste Garcia (Makati, Rizal)

« Mon projet à Pili (Philippines) était à l'hôpital, où je travaillais avec les comptables et la division de comptabilité. Ici j'ai découvert que les gens qui travaillent à l'hôpital reçoivent de très bas salaires et j'ai pu conclure que peut-être c'est la raison pour laquelle la plupart des médecins préfèrent aller travailler à l'étranger ce qui produit chez nous une hémorragie des cerveaux et des compétences. J'ai été également plutôt frustrée quand j'ai pu constater que les équipements à l'hôpital laissaient à désirer. Néanmoins les médecins pourraient encore faire quelque chose avec ces équipements si pauvres soient-ils. »

Carmela M. Ureta (Diliman, Quezon City)

« L'expérience qui je crois a été valable pour moi a été celle que j'ai vécue quand je travaillais sur une ferme. C'était la première fois que je faisais l'expérience d'être un agriculteur ; j'ai compris ce que c'était que de devoir nourrir plusieurs bouches par son travail. Et pourtant, les fermiers aux Philippines ne sont pas reconnus par la société. »

Seth M. Papasin (Diliman, Quezon City)

« Par mon expérience dans ce projet, je sais aussi pourquoi les *bicolanos* quittent l'école et se rendent dans les villes, comme Manille. Connaissant toutes sortes d'autres choses et aussi leur culture, j'ai réalisé que la région de Tagalog (d'où je viens) est très différente de la région de Bicol, en ce qui a trait à la culture. J'ai connu aussi assez bien la façon de vivre à Bicol parce que j'y ai passé une semaine avec ma famille adoptive. Mon séjour avec ces gens m'a permis de me rendre compte de certains de nos problèmes, et surtout dans le domaine économique. »

Virgilio C. Estanislao (Santa Rosa, Laguna)

Les Canadiens aussi font toutes sortes de découvertes au Canada même...

« J'ai appris à connaître une autre province, la Saskatchewan, ses problèmes, ses ressources, et sa culture assez unique. Et j'ai appris à l'aimer en six semaines seulement... »

Karen Kelly (West Hill, Ontario)

« Au cours de ce projet (avec une communauté indienne), j'ai appris beaucoup de nouvelles choses sur la vie d'une communauté dans les Prairies. Par exemple, je comprends maintenant beaucoup mieux les attitudes des blancs envers les Indiens et vice-versa. Les raisons qui sous-tendent la discrimination et les préjugés sont devenues beaucoup plus claires pour moi. »

Gail Oliver (Saskatoon, Saskatchewan)

« Au cours de la première moitié du programme au Canada, je suis devenue beaucoup plus consciente des différentes régions et des différentes façons de vivre au Canada. Cela m'a fait voir combien notre pays est grand, diversifié, et beau, et cela m'a surtout stimulée à poser de plus en plus de questions et à voyager afin d'en savoir beaucoup plus long sur mon pays. »

Janice Hickey (Thornhill, Ontario)

139

« J'ai aussi travaillé au high school de Yorkton. Nous étions les bienvenus parce que nous venions d'une autre partie du Canada, c'est-à-dire de la partie française. Aussi, plusieurs après-midi par semaine, quelques Canadiens et quelques Philippins visitaient l'école qui était très grande, afin d'y poursuivre des discussions avec les étudiants. Nous y parlions des expériences que nous avions vécues au contact des autres cultures et de notre propre culture (en ce qui me concerne, la culture canadienne-française). Ces contacts que nous avons eus avec les élèves du high school ont été très profitables et profonds. L'expérience que j'ai vécue avec les anglophones de l'ouest du Canada a été très enrichissante dans la mesure où elle m'a permis de mieux comprendre à la fois la culture des Canadiens-anglais et la culture de l'ouest du pays. »

Yvon Côté (Chicoutimi, Québec)

Les participants canadiens sont unanimes à dire qu'ils ont changé en profondeur...

« Le programme a été un défi du début jusqu'à la fin. Il n'a pas répondu à toutes mes attentes et j'ai encore l'impression que nous pourrions aller beaucoup plus loin, mais par contre j'ai également appris des choses que je n'avais pas prévues. J'ai appris à respecter profondément les autres, leurs croyances et nos différences. J'ai acquis une plus grande conscience des problèmes que doivent affronter les programmes de développement du Tiers-Monde. J'ai aussi appris beaucoup sur moi-même et sur les autres parce que dans notre groupe nous avons dépassé les relations superficielles et cela a représenté pour nous une chose de la plus haute importance. »

Dave Hefferman (Mississauga, Ontario)

« Une chose que je souhaite à tous les participants et que je voudrais réaliser moi-même c'est de continuer à vivre ce programme quoiqu'il arrive dans le futur.

« Je vais continuer à aimer ! »

Christine Tillman (Châteauguay, Québec)

« Nous avons vécu avec des personnalités tellement différentes et de façon très intense 24 heures par jour, tout en apprenant à contrôler notre dépression, nos frustrations et à travailler ensemble. Cela exigeait de la part de tous beaucoup de compromis et un effort de compréhension tant au niveau personnel que culturel. Aujourd'hui je trouve que je communique mieux et que je comprends mes propres sentiments beaucoup plus, tout en étant plus sensible aux sentiments des autres. Je vois aujourd'hui que les coutumes canadiennes ne sont pas nécessairement les seules coutumes et que nous avons beaucoup à apprendre d'une autre culture si nous ouvrons notre intelligence et notre cœur. »

Janice Hickey (Thornhill, Ontario)

« Le programme a été pour moi une expérience d'apprentissage plutôt intense à plusieurs niveaux. En ayant été exposée à deux cultures différentes de la mienne, c'est-à-dire à la culture canadienne-anglaise et à la philippine, j'ai appris à connaître ma culture beaucoup mieux et bien sûr j'ai appris beaucoup sur les deux autres. J'ai eu l'occasion de rencontrer toutes sortes de gens très différents, de travailler avec certains d'entre eux, et ainsi d'apprendre leur façon de vivre, leurs problèmes, leur condition sociale, leur culture, leur société, etc... Puis en séjournant aux Philippines, j'ai pu apprendre toutes ces choses au sujet des gens qui y habitent et je me suis intéressée de plus en plus à la situation des pays du Tiers-Monde, leurs problèmes politiques, économiques, sociaux, et les causes de ces problèmes. Maintenant je me sens beaucoup plus intéressée à ces choses-là et j'ai un sentiment beaucoup plus profond de mes propres responsabilités sociales. »

Danielle Pratte (Laval, Québec)

« Le programme a eu une très grande signification pour moi. Durant les derniers huit mois nous avons tout partagé —

travail, loisirs, argent, nourriture, temps, vêtements. J'ai appris de tout le monde — j'ai appris à connaître et à comprendre des gens de toutes les classes de la société. J'ai dû apprendre à les accepter comme ils sont. J'ai appris à aimer les membres de mon groupe.

« J'ai appris beaucoup sur moi-même. Ce que je crois, ce que je sens, comment je pense. J'ai aussi réalisé tout ce que je ne sais pas encore — tout ce qu'il me reste à découvrir. Il reste tant de choses à explorer dans la vie.

« J'ai dû sortir de ma coquille — être blessée — mais à la fin, je crois sincèrement que j'ai l'esprit plus ouvert, que je suis une meilleure personne. Je n'ai pas changé complètement. Comme un arbre, mes racines sont restées les mêmes. J'ai conservé mes croyances profondes, ma morale — mais les feuilles ont changé quelque peu.

« J'ai tant appris de choses — c'est difficile à expliquer — la beauté de chaque individu, d'une culture différente, d'un autre pays. Sincèrement, j'ai beaucoup aimé ça, d'avoir eu le privilège d'être un membre du programme Jeunesse Canada Monde — Philippines An III. »

Debbie Splett (Calgary, Alberta)

« D'abord, Jeunesse Canada Monde représente pour moi les vrais amis, la confiance en moi-même, l'initiative, la compréhension des autres, une sensibilité et un goût pour la politique nationale et internationale, ce que je n'avais pas avant... Je me sens bien. J'ai le goût d'entreprendre toutes sortes de nouvelles choses... »

Danielle Potvin (Alma, Québec)

« Jeunesse Canada Monde veut dire rencontrer des gens et devenir sensible aux situations qui existent à travers le monde. Cela m'a permis de me connaître un peu mieux et m'a aidée à réfléchir aux situations internationales qui auront sûrement un effet sur mon avenir.

« Cela m'a permis aussi de m'ouvrir un peu l'esprit et a modifié plusieurs de mes attitudes mesquines. Cela m'a donné l'occasion de me mettre à la place d'une personne qui vit dans une culture très différente de la mienne. Même seulement cela, c'est une expérience unique et merveilleuse qui m'a beaucoup appris.

« Je suis convaincue que cela changera le reste de ma vie. Et je sais que j'ai été très chanceuse de pouvoir vivre ce programme.

« Un jour je voyagerai encore. Mais même si cela ne se réalise pas, j'ai le désir de savoir ce qui se passe ailleurs dans le monde. Je me sens plus responsable et plus engagée maintenant. »

Lucille Burry (Cornerbrook, Terre-Neuve)

Les Philippins non plus ne seront plus jamais les mêmes...

« Ce que j'ai appris au Canada, c'est la capacité de m'adapter aux changements de milieu, un sens des responsabilités pour le groupe et pour moi-même, une conscience civique et aussi la capacité de communiquer avec les autres. »

Carmela M. Ureta (Diliman, Quezon City)

« Au début, je pensais qu'il ne s'agissait que d'un de ces programmes d'échange habituels, qui consiste à se rendre dans un autre pays et à le visiter. J'avais certes une bien piètre idée du programme ! Mais, à mesure que le programme se poursuivait de jour en jour, cette perception limitée a disparu. Je sens que les sept mois et demi que j'ai passés dans le programme jusqu'ici m'ont donné l'occasion d'apprendre en cette courte période beaucoup plus que j'aurais pu apprendre en sept ans et demi ! »

Edgardo Ricafort Sabile (Mandaluyong, Rizal)

« Bien, il y a plusieurs choses qui doivent être examinées dans ce programme. Pour moi, cela signifie beaucoup parce que j'y ai appris à partager, à être sensible, à comprendre bien des choses et surtout à comprendre le mot amour. »

Gloria Hierras (Biliran, Leyte)

« Jeunesse Canada Monde marque une époque dans ma vie. Cela a fait de moi un individu différent. »

Paul F. Asiddao (Quezon City)

« Jeunesse Canada Monde marque un tournant dans ma vie. Cela a signifié pour moi le développement d'une conscience de moi-même. Je me suis rendu compte que l'homme n'est pas une île. Qu'il doit apprendre à accepter des valeurs autres que les siennes. L'ouverture aux autres. L'autonomie et l'initiative personnelle. La sociabilité, la responsabilité et la coopération.

« Jeunesse Canada Monde représente une partie de ma vie et cela restera toujours.

« Jeunesse Canada Monde a fait faire des pas de géants à mon développement personnel.

« Jeunesse Canada Monde veut dire tellement pour moi ! C'est tout ce que je suis maintenant. »

Erlinda Bolima (Morning Breeze, Caloocan City)

« Ce programme travaille aussi pour la paix internationale parce qu'avec lui, on peut comprendre ce qui se passe entre deux pays qui sont en situation de conflit. D'une certaine façon, nous sommes dans la même situation au cours de l'expérience que nous vivons dans ce programme. Et à force de compréhension il ne devrait pas y avoir de guerre mais seulement la paix. Aussi, cela te permet de prendre connaissance des problèmes économiques, de changer certaines de tes vieilles habitudes au bénéfice d'un avenir meilleur. Et aussi on apprend à se connaître soi-même, qui on est, ce qu'on fait, et on apprend un peu ce qu'est notre rôle sur cette terre. »

Virgilio C. Estamislao (Santa Rosa, Laguna)

« J'ai beaucoup appris sur moi-même, sur les autres et sur la culture de nos deux pays. Et à cause de tout cela je peux déjà être une personne responsable, capable de décider pour moi-même et de me développer indépendamment. »

Helen V. Cruz (Marikina, Rizal)

« Afin de réaliser les buts du programme, j'ai dû rencontrer des gens et échanger des idées avec eux, ce que j'ai appris à faire dès notre premier projet. Aussi maintenant, j'ai perdu ma timidité et je pourrais même affronter des officiels de rang élevé. C'est ce que j'ai retiré du programme. Sans compter les nouvelles connaissances que j'ai acquises en particulier sur les techniques de pêche au Canada et leur valeur. J'ai le sentiment aujourd'hui que je pourrais être efficace dans une communauté à cause de ma compréhension générale des Philippines et du Canada et de ce que j'ai appris dans les deux pays. Je considère que je me suis considérablement amélioré depuis le début du programme. »

Alfredo B. Bravo (Binmaley, Pangasinan)

« Et en ce qui me concerne, le programme a accéléré les changements qui s'opéraient en moi. J'ai appris à donner, à me mettre à la place des autres, à faire des compromis dans les situations les plus difficiles, à faire des concessions et à rencontrer les autres à mi-chemin, à respecter et à accepter la personne telle qu'elle est. Mon expérience de leur façon de vivre m'a beaucoup enseigné — à devenir plus indépendant, plus responsable et plus objectif à tout moment. »

Virgilio A. Salviejo (Sampolac, Manille)

« Jeunesse Canada Monde est comme un esprit qui m'indique le chemin de ma vie. Le programme m'est apparu comme un moyen de développement personnel, dans la mesure où il nous a mis en face de réalités de la vie et d'un certain humanisme. Cela a donné l'occasion de développer des amitiés et une ouverture entre nos deux pays. J'ai pris conscience de nouvelles valeurs qui tendent à faire de moi une meilleure personne. »

Josette T. Panlilio (Diliman, Quezon City)

« Le programme m'a complètement sensibilisé au développement local et international et m'a convaincu de l'importance de la communication et de la fraternité. Cela m'a donné une certaine expérience de travail pratique et une expérience des gens que l'éducation ordinaire avec son curriculum orienté surtout vers les livres n'aurait pas pu me donner. Cela m'a donné l'occasion de voyager, de relever des défis, de m'ouvrir l'esprit, d'être joyeux et de donner de l'amour, de contrôler la haine et la colère. Si la vie a été très belle, elle me paraît maintenant comme doublement significative. C'est superbe, fantastique. »

Rosario Adapon (Castillejos, Zambales)

Et ces nouveaux Philippins, que feront-ils de leur vie ?

« Dans l'immédiat, je veux étudier et puis plus tard travailler. Je désire utiliser tous les talents que j'ai au bénéfice de mes compatriotes. Je veux continuer à augmenter ma connaissance et ma compréhension des gens et des cultures, je veux continuer à voyager à travers les Philippines et un jour en Asie et dans les pays du Tiers-Monde. Je suis également maintenant intéressé aux problèmes du développement et au sort des pays sous-développés. »

Edgar J. Rosero (Lagonoy, Camarines Sur)

« J'ai compris beaucoup de choses sur moi-même et sur ma culture et j'ai surtout commencé à comprendre mon propre comportement et le comportement des autres et à cause de cela j'ai commencé à accepter et à tolérer les défauts des autres et à réaliser mes propres défauts. Cela m'a donc permis de travailler à m'en débarrasser. Aussi j'ai vu des choses qui ne plaisent pas dans ma culture et dans celle des Canadiens. Mais en même temps nous avons pu apercevoir toutes les bonnes choses qu'on trouve dans les deux cultures ce qui m'a permis de puiser ce qui m'apparaissait être le mieux, et de rejeter les choses qui me semblaient négatives. J'ai commencé à faire la part de mes propres principes et j'ai pu adopter une position beaucoup plus ferme au sujet des choses auxquelles je crois. Je suis actuellement beaucoup plus sure de ce que je veux dans la vie et aussi sur les moyens pour atteindre mon but. Je pense beaucoup moins à moi-même maintenant mais je donne beaucoup plus de temps aux autres gens. Je sais par exemple que mes talents sont en art dramatique et quand je monte sur les planches je me sens vraiment épanouie. Mais aussi j'ai réalisé que je ne me donnais pas vraiment moi-même jusqu'à ce que j'aie eu l'occasion de travailler dans cet hôpital à Peterborough et au centre de développement à Yorkton. Je me suis sentie beaucoup plus épanouie en rendant ces gens heureux et en les aidant directement que même en recevant une réaction favorable d'un auditoire et en vivant toute la gloire du théâtre...

« Je pense retourner à l'école et je veux changer mes cours pour étudier la médecine parce que j'ai le sentiment qu'il serait plus utile d'être au service des gens que d'obtenir une satisfaction personnelle comme celle que j'aurais dans le théâtre.

Bingo Ynclino (Quezon City)

« J'ai l'intention de retourner dans mon village afin de présenter à mes concitoyens et partager avec eux tout ce que j'ai appris au Canada et aux Philippines. »

Pablo Beta-a (Bakun Central, Benguel)

« J'ai l'intention de m'impliquer de plus en plus dans une institution qui travaille avec des programmes de développement pour le Tiers-Monde telles que des agences des Nations-Unies. Soit ici, aux Philippines, ou à l'étranger. J'aimerais bien connaître les conditions des pays en voie de développement et éventuellement travailler dans des pays d'Amérique Latine, d'Afrique et d'Asie. J'aimerais m'impliquer dans ces programmes soit comme volontaire ou comme employé. J'aimerais encore travailler en développement communautaire. »

Ricardo T. Mendoza (Pandacan, Manille)

« Le programme m'a aidé à me comprendre beaucoup mieux et à choisir la bonne direction quant à mon avenir. Cela m'a aussi permis de prendre conscience des problèmes d'un pays en voie de développement... Après le programme, je veux continuer mes études ici aux Philippines. Je changerai de cours au collège, pour passer du commerce à l'agriculture que je préfère et laquelle, je pense, est plus importante dans un pays en voie de développement. »

Lazara M. Belgica (Antipolo, Rizal)

« Je croyais retourner au travail de bureau, mais j'ai changé d'avis après avoir vécu ce programme. Ainsi j'ai trouvé un travail qui de plus d'une façon ressemble à ce que j'ai fait avec Jeunesse Canada Monde. C'est un programme de développement pour les jeunes qui s'occupe d'organiser la jeunesse en vue du développement communautaire. Le DSW, de la région de Bulacan, a préparé quelques séminaires en vue de ce travail. J'ai très hâte de commencer mon travail dans ce domaine, car j'ai vu combien, dans cette province, on a besoin de travailleurs en développement pour la jeunesse. A partir d'ici, je peux continuer à me développer avec mon expérience de Jeunesse Canada Monde. »

Susan Raynaldo (Baliway, Bulacan)

Les participants canadiens se sont aussi découverts des motivations nouvelles...

« Je me suis découverte moi-même et maintenant je suis franche autant avec moi qu'avec les autres. J'ai fait l'expérience de la vie dans une grande famille et j'ai appris à être franche et honnête avec tous. J'ai fait l'expérience de ce que c'est que de vivre dans une autre culture, de ce que c'est que de vivre dans une famille avec des gens de ma propre culture et d'une autre culture. Je me suis ouvert les yeux à la vie, au Canada et à un pays du Tiers-Monde. Cela m'a aidée à décider de mon avenir. J'ai l'intention de faire des études en service social. J'ai découvert à l'occasion de ce programme que j'aime beaucoup les gens et que j'ai beaucoup à leur donner. Aider les gens et la société, avoir des expériences personnelles. »

Veronica Ardelian (Edmonton, Alberta)

« L'automne prochain, j'ai l'intention de continuer mes études, chose que je n'avais pas l'intention de faire avant de vivre ce programme. »

Eric Fuller (Watford, Ontario)

« Maintenant j'ai une meilleure idée de la direction que je veux suivre dans mes études. Je veux continuer à apprendre de plus en plus sur les Philippines, son histoire, sa culture et sa langue. Je veux également poursuivre mes études sur l'Asie, en sciences politiques. J'irai probablement à l'Université après mon high school et, ayant obtenu mon diplôme, je reviendrai aux Philippines et je continuerai ce que j'avais commencé. »

Lori Fowles (Scarborough, Ontario)

« J'ai l'intention de m'engager politiquement au Canada après ce programme. Je pense être beaucoup mieux préparée maintenant pour ce faire parce que je me connais et je peux mieux comprendre la situation. Je veux travailler avec les gens, dans une sorte ou une autre de travail social. J'aimerais retourner à l'école, apprendre plus de français, vivre dans une petite ville du Québec, continuer à apprendre le tae-kwon-do, le karaté et à travailler pour le Women's Lib ! »

Karen Kelly (West Hill, Ontario)

12

En Haïti avec une brouette et quatre pelles...

17 avril

Vol sans histoire, sans le moindre petit détournement, jusqu'à Port-au-Prince où m'accueillent Myriam Allain, notre coordonnatrice, Jean Lindor, ancien coordonnateur haïtien toujours responsable du programme, et René Durand, trésorier de la Banque nationale d'outils, organisme qui se consacre au développement communautaire et avec qui nous avions signé un protocole.

On boit le punch de l'amitié, tous les quatre, et plus tard je retrouve Myriam Allain pour le grand blablabla. Au cours des quatre dernières années, je les aurai vécues souvent ces premières rencontres avec un coordonnateur à peine entrevu au Canada... Le découvrir, enfin, à l'autre bout du monde, engagé à fond dans son travail, déjà connaissant Jeunesse Canada Monde mille fois mieux que moi... Il l'a vécu sept jours par semaine pendant six ou sept mois. Je l'écoute... Ses luttes... Ses échecs... Ses victoires... Je redécouvre Jeunesse Canada Monde. Tout lointain président que je sois, je me sens tout à coup frère de ce garçon, de cette fille à qui on a confié vingt, trente jeunes Canadiens pour huit mois... Ah! que les heures passent vite quand on regarde ensemble dans la même direction... Exaltés par le sentiment de faire quelque chose de vrai. Peut-être de changer un tout petit peu, *piti piti,* le monde!

18 avril

Départ pour Jacmel et Lafond, en quête d'un des groupes de Jeunesse Canada Monde. Pas loin. Une cinquantaine de milles, par là ... Minute ! C'est en heures qu'on mesure les distances dans ces pays où les routes sont rares, dangereuses, facilement emportées par une pluie un peu rageuse. Jacmel, c'est trois, quatre heures, ça dépend ...

La route est en construction. Elle sera merveilleuse, un jour prochain. L'incroyable serpent ondule à flanc de montagne. Parfois on dirait les Rocheuses. Presque ... Le serpent téméraire n'a pas le vertige ... Affectionne les précipices ... Se moque des éboulis ... Vient surprendre des petits villages perdus, hier encore reliés à la civilisation par des sentiers à bourriques ... Près de Jacmel, la route se transforme en joyeuse râpe à fromage. On a pas encore mis le gravier. Suffirait d'une bonne pluie pour la rendre impraticable. On fonce hardiment, nos amis de la Banque nationale d'outils nous ayant prêté une *Landrover* tout terrain, un chauffeur tout terrain. Ils nous donnent confiance au point qu'on a presque envie de regarder au fond des précipices, à droite à gauche ... Paysages extraordinaires, vallées profondes comme des rêves, tapissées de palmiers, de bananiers, de papayers, de *cailles* jolies, vraies maisons de poupée ...

Court arrêt à Jacmel, le temps d'acheter un bloc de glace et quelques bouteilles de bière pour nos participants de Lafond, vraiment loin de ce genre de luxe fou ! Bien mignonne ville, Jacmel, aux maisons bariolées d'arc-en-ciel, quelques-unes fières encore de leurs belles colonnades de fer, raides sentinelles attendant de pied ferme le prochain cyclône. Les rues étroites débouchent sur la mer toute proche, calme, douce comme un lac ...

L'étape Jacmel-Lafond sera plus difficile. On nous avait prévenus. Avec les plus grands ménagements ! Ce bout de route c'est une longue fondrière ! Environ cinq milles de boue noire ! Sérieuse tenace ventouse ! On met une heure à s'y arracher, grâce aux vertus de la *Landrover* et de notre chauffeur, pur génie des fondrières. Et parce que « Bon Dieu bon » ! Faut un effort terrible, de tous les instants. S'agripper aux banquettes, à la carosserie... Maintenir un semblant d'équilibre pour ne pas s'assommer...

Au bout du cauchemar, la récompense. Une bonne joyeuse bande de participants qui attendaient « la visite du Canada ». Ils arrivent à peine dans leur nouveau chantier. Nous découvrirons donc ensemble ce Lafond oublié dans un coin de paradis, où on ne sait pas encore ce que pollution veut dire, où on ne saura peut-être jamais. Bien installés, nos participants, en haut d'une colline, dans des maisons appartenant à l'Office d'alphabétisation et d'action communautaire, organisme combien essentiel dans un pays analphabète à 80%. Accueil du responsable du projet, Charles Moïse, vieil homme sage. Connait bien sa terre, a consacré sa vie au développement communautaire.

Un petit festin haïtien, le repas de Pâques, préparé par les participants. Riz aux haricots secs, galettes panées, poulet frit (à faire dégrader le colonel Sanders !), fruits, lait de coco, mille friandises... La fée de service, c'est Paulette Alexandre, l'agent de groupe haïtien. Merci ! Bravo ! Mais le vrai plaisir, c'est d'entendre les participants raconter aventures et découvertes, les voir vivre Jeunesse Canada Monde. S'il m'arrivait d'éprouver quelque doute, quelque scrupule, — on nous rabat tant les oreilles au sujet de tout l'argent que ça coûte aux payeurs de taxes et blablabla ! — je reprendrais vite confiance en entendant Philippe Jules, un agent de groupe haïtien, me dire ce que lui a donné le programme : « Oui, j'ai appris beaucoup de choses pendant les quatre mois au Canada. Mais, grâce à Jeunesse Canada Monde, j'ai appris quelque chose de plus important que tout : j'ai appris le courage de revenir ici à Jacmel, pour aider les plus pauvres et, dans la mesure de mes forces, contribuer à bâtir mon pays, à partir de la base, à partir des paysans. » Instruit, dynamique, avec expérience à l'étranger, Philippe Jules aurait pu — comme bien d'autres l'ont fait! — se trouver un emploi douillet dans l'administration, à Port-au-Prince. Il a décidé de se consacrer au développement communautaire, à Jacmel, où il est né. Les jeunes Haïtiens de cette trempe, il en pousse tous les jours. Finiront bien par sortir leur petit pays de son tragique sous-développement. Et s'il est vrai que Jeunesse Canada Monde a donné à Philippe Jules le « courage », comme il dit, de servir d'abord les plus démunis, alors nous avons raison. Alors, c'est très bon marché, Jeunesse Canada Monde ! Alors ce mouvement doit vivre ! Grandir ! Se répandre à la grandeur de la terre !... Aïe ! je m'énerve encore ! Le lyrisme va m'emporter ! Calmons-nous...

Longs bavardages avec Marcel Laplante, un gars de Sherbrooke, solide, bien dans sa peau blanche au milieu de ses frères noirs, intégré à mort... Tout autant que Gérard Bouchard de La-Petite-Rivière-Saint-François, que Flora Blacksmith, une Indienne cri de la réservé de Wasiwanipi, en Abitibi... Anglophone, elle parle maintenant le français et se débrouille en créole. Flora doit être une des très rares Indiennes à se trouver en Haïti aujourd'hui... Le 5 décembre 1492, toute l'île était peuplée d'Indiens, les Arawaks, doux peuple des temps heureux. Ils ne se doutaient pas encore que l'enfer allait s'installer dans leur île de rêve, avec Christophe Colomb et ses démons venus d'Espagne. Ils étaient peut-être un million, les Arawaks, on ne sait pas exactement. On ne saura jamais... Mais on sait qu'en peu de temps, ils ont disparu de l'île, massacrés, tués par le travail de forçat que leur imposaient leurs maîtres espagnols. Pendus aux arbres... Egorgés pour un oui pour un non... Déjà, en 1517, — fallait s'y attendre ! — les Espagnols manquaient de bras pour les servir, gratter la terre, creuser les mines... On alla chercher quatre mille Noirs en Guinée. En un siècle et demi, on en a arraché plus de *quinze millions* à l'Afrique occidentale, dont cinq millions peut-être atteignirent Haïti... Les autres moururent dans les cales des vaisseaux négriers ou en déportation. L'histoire du monde est bien écœurante, mais cette page-là m'a toujours semblé la plus écœurante de toutes. Et voilà comment Flora Blacksmith de la réserve de Wasiwanipi, Québec, est une des rares Indiennes à se trouver dans ce pays noir, la première république noire du monde...

A propos des Indiens ou des Amérindiens, faut raconter une anecdote vraiment extraordinaire. Elle se situe en Abitibi, en décembre dernier. Exactement le 5 décembre 1975. Quatre cent quatre-vingt-quatre ans, jour pour jour, après la « découverte » de Colomb. Je n'en savais rien. Il se passe tellement de choses à Jeunesse Canada Monde... Dans la centaine de communautés canadiennes où nos groupes sont présents de septembre à janvier... Il m'a fallu venir jusqu'ici pour que Jacques Alexandre, le coordonnateur haïtien, me raconte ce qu'il a vécu à Val d'Or, Québec. Ensemble, Haïtiens et Canadiens ont découvert qu'il y avait des coins du Tiers-Monde dans notre beau grand riche pays : les communautés indiennes. D'un commun accord, nos participants décidèrent de poser un geste : avec la collaboration des Indiens, ils organisèrent une grande soirée folklorique haïtienne. Une semaine pour se préparer ! L'organisation, les répétitions, la publicité, la vente des billets et tout et tout... Ce fut une sacrée bousculade ! Mais un remarquable succès. La soirée rapporta la jolie somme de $450... *que les Haïtiens ont offerte à la communauté indienne,* plus précisément au Centre d'accueil autochtone de Val d'or ! Le Tiers-Monde à l'envers !

Voilà ! La plus extraordinaire anecdote que je connaisse...

Jacques Alexandre me dit encore : « J'ai vu des villes merveilleuses au Canada, mais la plus belle ville pour moi c'est Val d'Or, en Abitibi. J'ai tout aimé : les maisons, les gens, la mentalité, même le climat ! Mon Canada à moi, c'est Val d'Or... » Faudrait peut-être que ça se sache, là-bas, à Val d'Or, qu'un jeune Haïtien a rapporté cette ville dans son cœur. Et alors, si les gens de Val d'Or qui ont tellement bien accueilli les Haïtiens, il leur prenait envie de cultiver cette amitié ? Généreuses gens de Val d'Or, pourquoi ne se passionneraient-ils pas tout à coup pour ce qui se passe ici à Lafond ? Pourquoi n'entreraient-ils pas en contact avec Charles Moïse[1] qui veut révolutionner l'agriculture dans sa région mais qui n'a pas même un tracteur ? En fait, il a *une* brouette, *onze* pelles... et

---

1. Il n'y a évidemment pas de bureau de poste à Lafond. Faut écrire à M. Charles Moïse a/s Bureau de l'ONAAC, Ministère de l'Éducation, Port-au-Prince, Haïti.

douze participants de Jeunesse Canada Monde... Je connais un peu Val d'Or, moins que Jacques Alexandre, bien sûr, mais je sais que les gens de cette ville ont toujours eu le cœur sur la main. La présence de nos participants l'hiver dernier les avait vivement intéressés. Ils ont découvert Haïti, ils ont été sensibilisés aux problèmes du développement international... S'ils étaient prêts au nécessaire partage ? Monsieur le maire de Val d'Or, Votre Honneur, cher monsieur Bérard... Ecoutez-moi un moment... Ecoutez Jacques Alexandre que vous avez rencontré en décembre... Vous vous souvenez ? Il était noir comme la nuit avec un sourire clair comme le jour... Monsieur le maire de Val d'Or, vous êtes un homme droit. Je sais, des Haïtiens me l'ont dit. Que ferez-vous maintenant que vous savez qu'à Lafond, près de Jacmel, en Haïti, à 2,474 milles de Val d'Or, un vieil homme Moïse prend sur lui de rebâtir un coin d'Haïti avec une seule brouette et onze pelles ?

Ce qu'il en a des projets, M. Moïse ! Il nous rassemble autour d'une table, sous un abri de feuilles de palmier, pour en discuter (en créole bien sûr !) et répartir les tâches entre les participants. La liste est longue... Faudrait des mois pour en venir à bout ! Nos participants sont en pleine forme, ils feront leur possible... Pour donner une idée de son courage, voici quelques projets de l'homme à l'unique brouette et aux onze pelles :

1. *Réparation de tronçons de route*
    a) Carrefour Perpétuel à Lacour
    b) Bas geste à Première Phase (à exhausser)
    c) Platon Ogé à Morne Ogé
    d) Tronçon Siloé (à exhausser)

2. *Réparation de ponts*
    a) Pont Carrefour Perpétuel
    b) Pont du marché de Gaste
    c) Pont nan Mombin
    d) Pont de la zone de l'IDAI

3. *Projets agricoles*
    a) Etablir des pépinières sur plates-bandes et en sachets de polyétylène

156

b) Transplantation de plantules (caféiers, papayers, mandariniers)

c) Conservation du sol (réalisation de courbes de niveau, murs secs)

4. *Projets divers*
a) Réparation d'un bassin en mur
b) Réparation d'une W.C. hygiénique
c) Confection de deux portes en planche

5. *Projets de loisirs et récréation*
a) Visite des localités : La Montagne, Raymond les Bains, Morbial.

b) Organisation de journées communautaires. Programme culturel à bâtir en commun (Haitiens et Canadiens). Evaluation du camp de Jeunesse Canada Monde.

Ouf ! Voilà un groupe de participants qui ne s'embêtera pas !

Pendant la scéance de travail avec M. Moïse, dont je perdais de fiers lambeaux, mon créole étant ce qu'il est, je me laissais distraire par les chants et les tambours dont les échos montaient de la vallée. C'est un *RaRa,* ou une bande de paysans qui va d'un village à l'autre, dirigée par un chef, le *samba...* On danse, on chante, on crie, on siffle pendant des heures et des heures, sans doute jusqu'à l'épuisement total ! Les *RaRa* commencent le mardi-gras et durent pendant trois jours pour reprendre ensuite tous les vendredis. Aujourd'hui, jour de Pâques, c'est l'apothéose ! On dansera toute la nuit. La bande se rapproche de plus en plus, elle vient vers nous, nous envahit. Ils sont peut-être cent cinquante hommes, femmes, enfants, précédés de deux porte-drapeaux qui font mille figures symboliques avec leurs fanions rouges ou noirs. Une Haïtienne m'entraîne dans le tourbillon des danseurs qui exécutent la danse de Baton Carré. Muni d'un gros bâton, presque gourdin, chaque danseur scande ses pas en frappant aussi fort que possible le bâton d'un autre danseur. Le tintamarre est incroyable ! Le rythme de plus en plus fou ! Dans le soleil exaspérant, je vois des milliers de bâtons qui s'entrechoquent avec fureur évitant les crânes de justesse ! Après un quart d'heure je suis complètement épuisé ! Comment les très vieilles femmes de la bande peuvent-elles résister à pareille gymnastique pendant des nuits entières ? Petits mystères parmi tous les mystères de cette culture aux relents d'Afrique noire d'où les ancêtres ont rapporté — seuls bagages tolérés par les négriers ! — légendes, superstitions, chansons, danses... Au milieu de la bande, indifférent aux bâtons qui tournent autour de sa tête, gesticule et discoure un vieux qu'on entoure d'une sorte de respect. Il parle espagnol ! Une Haïtienne me dit à l'oreille : « C'est un possédé. Tu vois bien qu'il y a quelqu'un d'autre, en lui, qui parle dans une langue étrangère. Lui ne peut connaître que le créole... » Bien sûr... A moins, peut-être, qu'il ne soit allé travailler quelque temps dans la République dominicaine toute proche, comme tant d'autres Haïtiens...

Le jour descend. Faudrait pas s'engager dans les fondrières la nuit tombée. Et la nuit tropicale tombe d'un seul coup, comme un lourd rideau, sans les prévenances du crépuscule. Alors, il faut s'arracher à Lafond, aux participants, à M. Moïse. On se reverra un jour... Si tu passes par le Labyrinthe... Viens me parler de Lafond... du *RaRa*...

On traverse villages *piti piti*, tout perdus dans une mer de cocotiers, de bananiers, de cannes à sucre, de cacaotiers, débordant de monde joyeux, souriant, saluant, comme pour faire oublier qu'ils ne vivent pas comme les hommes devraient pouvoir vivre, partout dans le monde, en 1976. La grande journée des *RaRa* ! Un, deux, trois par villages. Ils se dirigent vers Léogane, le haut-lieu des *RaRa,* unique en Haïti. C'est la nuit. On s'engouffre dans la rue principale devenue fleuve tumultueux où roulent les *RaRa* par bandes de cent, deux cents... Ils se croisent, se fusionnent un instant, se séparent... Sont des milliers ! Tambours, trombones en bambou, chants, cris, danses... Un spectacle fantasmagorique ! Dans la *Landrover* immobilisée, engloutie, nous sommes aux premières loges ! Faut une heure pour traverser cette masse fluide, hurlante, possédée... Comme on aimerait s'y perdre le reste de la nuit !

Port-au-Prince n'est plus très loin. On croise de plus en plus de petits cars bariolés, les *tap-tap,* décorés à mort, écrasés sous le poids des voyageurs qui débordent de tous les côtés. Petits cars qui rappellent étrangement les *jeepneys* des Philippines, à l'autre bout du monde. De la même façon, chacun porte un nom, fièrement inscrit en haut du pare-brise, parmi les folles enluminures. Un nom souvent d'inspiration religieuse, comme aux Philippines : *La Roche de Noé, Le Fils de Saint-Antoine, Le Rocher de Moïse, Le Fils de l'Eternel, Bon Dieu Bon*... Ou plus profane comme *Fond des Nègres, La Belle Vénus, Ti-Coq, Trois fois merci*... Philosophe : *Céconça la vie, Je parle pas, je travaille, Le fruit de mon intelligence*... Ou franchement exotique comme *Air Canada* et *Québec Air*...

Les lumières de Port-au-Prince. La fin d'une belle journée haïtienne. Une journée de l'arrière-pays, le vrai pays d'Haïti... Demain, après-demain, je verrai des ministres, je parlerai à la radio, je discuterai d'avenir avec nos amis de la Banque nationale d'outils, mais Haïti, pour moi, c'est Lafond, là-bas dans la montagne. Comme le Canada c'est Val d'Or pour Jacques Alexandre...

« Cé ça m'talé oné moin tombé jusqu'icite ! » Voilà comment les vieux conteurs haïtiens terminent leurs récits : « C'est ce dont j'ai été me rendre compte et qui me vaut d'être en votre compagnie ! »

13

Colombie, El Salvador, Guatemala

23 avril

Vers la Colombie, notre grand merveilleux pays d'Amérique latine, notre porte ouverte sur l'Amérique du Sud, sur la Terre de Feu, là-bas... Ne nous excitons pas ! Dans la lumière éblouissante de l'aéroport de Bogota, deux visages amis : Pierre Garceau, ambassadeur du Canada, et Yvan Girardin, coordonnateur de Jeunesse Canada Monde. Tous les deux, chacun à leur façon, ils m'aideront à bien utiliser mes quelques jours dans ce pays. Rencontres et pourparlers avec nos amis d'ICE-TEX, la grande agence gouvernementale responsable des programmes pour les étudiants, entrevue avec le ministre de l'Education, le Dr Herman Duran Dussan, un homme d'une grande culture. Pas difficile de lui expliquer Jeunesse Canada Monde en français, en anglais, en espagnol... Il comprend tout, déjà, depuis longtemps. Avec le directeur d'ICETEX, le Dr Augusto Franco, il essaye de trouver les moyens de financer le programme de l'an prochain. C'est affreux de parler argent dans ces pays où on manque de ressources financières pour réaliser tant de projets essentiels, urgents... Je suis toujours étonné de leur générosité, des efforts énormes qu'ils font pour Jeunesse Canada Monde. *Parce qu'ils y croient !* Il n'y a pas d'autre explication. Compte tenu de leurs moyens, nos pays d'échange consentent des sacrifices beaucoup plus importants que le Canada. Faudrait qu'on le dise !

Les ministres, les ambassadeurs, les fonctionnaires, c'est le boulot. C'est intéressant, nécessaire, mais la vraie joie, c'est d'aller surprendre un groupe de participants dans leur *pueblo* perdu, quelque part au bout des Andes...

25 avril

A San Jose del Guaviare, il y a, paraît-il, un projet formidable. C'est loin. Faudra la journée... Allons-y ! Un de nos groupes travaille très fort, là-bas, avec la *Concentracion de Desarrollo Rural,* organisme de développement communautaire en milieu rural. Allons-y ! Trois heures de route invraisemblable, accrochée à flanc de montagne, folle spirale en mal d'infini... On monte, on grimpe, pendant une heure. On descend... On remonte... Précipices d'un bord, éboulis de l'autre... Route tragique marquée de petites croix blanches et d'inscriptions rappelant la mort d'une cargaison de voyageurs... Les freins ont manqué... L'autobus a filé dans le ravin... Ici une effrayante collision... Là un éboulis de fin du monde qui a englouti à jamais plusieurs centaines de personnes... On ne sait pas exactement... Il y a de cela quelques années... La route s'était rétrécie à cause d'un éboulis... Fallait attendre à la file... Des autobus bondés à la douzaine... Ceux qui attendaient, ce jour-là, sont tous morts, enterrés vivants... Maintenant il y a un tunnel.

Au bout de la route, à Viavicencio, il faut prendre un avion minuscule, on dirait un avion-jouet, jusqu'à San Jose. Prudents, les aviateurs colombiens. Aviateurs d'un pays qui a dû passer de l'âne à l'avion sans transition, ou presque... Ils ne décollent pas quand le ciel est bas, comme aujourd'hui, parce que vient de commencer la saison des pluies, miracle annuel qui transforme les déserts en paradis terrestres. Attendons une heure, deux heures. «El avion sale en diez minutos, no mas...» On nous dit ça toutes les demi-heures ! Très, très, très prudents les aviateurs colombiens...

Tristes à mort, nous reprenons le chemin de Bogota. Belle journée perdue. Pas tout à fait. On a pas tout perdu quand on a vécu six ou sept heures dans les Andes, d'une croix blanche à l'autre, au milieu d'un paysage d'un autre monde...

27 avril

Un deuxième groupe de participants se trouve à la Mesa. C'est à coté. Une heure et demie. Mais on s'inquiète. Un éboulis vient de bloquer la route. Vérification faite, l'éboulis se situe *après* le village de La Mesa. Allons-y avec Mme Betty Rodriguez et le professeur Mateus (un peintre à longue barbe noire, anthropologue, polyglotte : français, anglais, allemand... et espagnol), tous les deux d'ICETEX, et, bien sûr, Yvan Girardin. Allons à La Mesa !

Un projet extraordinaire pour les *gamines* de Bogota, ces enfants perdus, sans famille, « los ninos de las calles »... De l'âge de 5 ou 6 ans jusqu'à 17 ou 18 ans, ils vivent littéralement dans les rues de Bogota, abandonnés, sans collier, petites choses bousculées par la grande ville, souvent jusqu'à la prison... Ou jusqu'au salut que leur propose un homme remarquable, la Padre Alfredo. Depuis cinq ans, il se tue pour changer la vie des *gamines,* trouver des solutions à ce problème affreux qui tourmente tous les Colombiens qui ont du cœur au ventre. Il y a combien de *gamines* à Bogota qui dorment la nuit, enveloppés dans des journaux, sous les portes cochères, les marquises des cinémas et des grands magasins ? Peut-être six mille, peut-être plus. Déjà, le padre Alfredo a construit un magnifique « Boscoville » à La Florida, tout près de la capitale. Nous y avons été accueillis par un *gamine* heureux, fier de lui. Il est l'*alcalde,* le maire de La Florida. Il nous montre sa ville avec plus de satisfaction que le maire de Toronto nous pourrait montrer la sienne : la coopérative, la bibliothèque, la banque (la ville a sa propre monnaie), le restaurant, l'hôtel de ville, le centre culturel, les logements où, par groupes de six, les *gamines* auront une sorte de vie de famille, ce qu'ils n'ont jamais connu...

163

A La Mesa, notre groupe de participants colombiens et canadiens travaille avec une quarantaine de *gamines* à la réfection d'un ancien monastère, plus ou moins abandonné. On peinture, on pose des tuiles, on reconstruit le chemin qui mène à la grand-route, un petit pont en béton... La gloire du groupe c'est évidemment la piscine où s'ébattront les *gamines* un jour prochain. L'ancien monastère pourra en accueillir quatre cents. Ils apprendront d'abord à lire et à écrire. Une étape avant le « paradis », c'est-à-dire la ville de La Florida. Larry Lebert, l'agent de groupe, un grand Ontarien calme, dynamique et trilingue, me montre la piscine avec une évidente fierté : « Il y a un mois, quand on est arrivé, le trou était à peine commencé. Ce fut le travail du groupe qui nous a précédés. Maintenant, tu vois, il ne reste qu'à poser la tuile... et à remplir d'eau ! »

Un bout de chemin, un petit pont, une piscine... Bien modeste contribution. L'important, c'est que des jeunes Colombiens et des jeunes Canadiens ont vécu ensemble la réalité des *gamines.* Avec eux ils ont travaillé à bâtir quelque chose d'éminemment utile. Ils ne seront plus jamais les mêmes Colombiens, les mêmes Canadiens...

Je fais un petit tour d'horizon, un petit tour du pays avec Lucie Schofield du Nouveau-Brunswick, Cyrille Groulx du Québec, Cathy Evans d'Alberta et Esperanza Morena, l'agent de groupe colombien... Comme d'habitude, au moment où on commence à se connaître un peu, il faut s'arracher aux participants, à La Mesa, à ce beau coin de Colombie, en pleine montagne, spectaculaire malgré la pluie qui tombe drue...

29 avril

S'arracher aussi à la Colombie, attraper un avion, puis un autre... Y a pas de vol direct entre Bogota et San Salvador. On sautille d'une ville à l'autre. De Bogota à Panama... De Panama à San Jose... De San Jose à Managua... De Managua à San Salvador... Une bagatelle de 24 heures, comptant une nuit à Panama...

Je voudrais bien qu'on ne se dérange pas pour m'accueillir aux aéroports, où souvent on doit attendre des avions en retard de plusieurs heures. C'est peine perdue. A San Salvador, encore une fois, ils sont là nos amis : Flores Prudencio, directeur de la Jeunesse, responsable de Jeunesse Canada Monde, Nancy Sherman, coordonnatrice canadienne, et Miguel Angel Gil, coordonnateur salvadorien.

Au *Circulo estudiantil,* je rencontre d'un seul coup tous les participants, dont vingt-cinq Canadiens. Ils arrivent tout droit de leurs derniers chantiers pour les sessions d'évaluation. Après, ils se détendront quelques jours, le temps de dire adieu à toutes les familles amies de San Salvador. Et les Canadiens s'envoleront pour le Canada ...

Ce soir, c'est la fête des participants offerte par le ministère de la Jeunesse. On danse, on bouffe avant la cérémonie officielle avec moult discours et remise de certificat à chacun des participants. J'improvise, moi aussi, il faut bien, un petit speech dans mon espagnol rouillé ... que tout le monde fait semblant de comprendre ! Le plus émouvant fut certes le discours d'un participant, parlant au nom de tous les autres, Robert Goulet, dans un espagnol impeccable ... (En arrivant à Jeunesse Canada Monde, il n'en savait pas un mot !) Le nez rougi par le soleil, la tignasse blonde en bataille, il a toujours envie de rire ce joyeux Franco-Ontarien de Cornwall. Mais ce soir, on le sent grave, presque solennel quand il saisit le micro :

« Pour moi, le programme de Jeunesse Canada Monde que je viens de vivre est la plus grande expérience de ma vie ! Je suis sûr que c'est le cas de tous ceux qui sont ici ...

« L'expérience de Jeunesse Canada Monde nous a permis d'être ensemble pendant huit mois, nous nous sommes adaptés, ensemble, à toutes sortes de situations parfois difficiles, mais la chose la plus importante c'est que nous avons tous *changé,* et changé ensemble. Nous sommes devenus des frères et des soeurs. Nous avons eu quelques problèmes, toujours nous les avons réglés, ensemble. Je ne sais pas dans quel sens chacun de nous va utiliser l'expérience extraordinaire qu'il a vécue, mais je suis sûr que tous nous l'utiliserons au mieux ...

« El Salvador ! J'ai appris beaucoup de choses sur le pays lui-même, ses efforts de développement, sur les Salvadoriens... Ah ! pour moi le meilleur pays de toute l'Amérique centrale, c'est El Salvador ! Et je ne suis pas le seul à le dire. Des voyageurs qui connaissent les autres pays m'ont affirmé la même chose. Ici, dans ce pays, je me suis tout de suite senti à l'aise, maintenant je me sens tout à fait chez moi...

« Ah ! réellement, c'est la plus grande expérience de ma vie ! Je ne peux vous en dire davantage...»

Non, il n'avait pas besoin d'en dire davantage : l'émotion vraie qui étreignait la salle indiquait bien que Robert Goulet avait tout dit...

4 mai

Dernière étape avant le chemin du retour. Heureusement, les distances sont courtes dans cette Amérique centrale minuscule. Vingt-trois minutes d'avion à hélices séparent la capitale du El Salvador de celle du Guatemala.

Nos deux courageux coordonnateurs sont à l'aéroport de Guatemala Ciudad pour « la corvée du président » : Wolfgang Gomez et Ted Swanson, ainsi qu'un représentant de *Desarrollo de la Comunidad,* agence de développement avec laquelle Jeunesse Canada Monde a collaboré au niveau des projets de travail, surtout après le tremblement de terre du 4 février.

Long tour d'horizon avec Ted Swanson, qui a vraiment été l'homme de la situation. Un coordonnateur moins fort n'aurait pas pu faire face aux incroyables problèmes créés par le tremblement de terre, à l'angoisse bien normale des participants. Grâce à Ted, à Wolfgang et à leur groupe, Jeunesse Canada Monde aura vécu au Guatemala des heures héroïques, les plus stimulantes de sa courte histoire.

Durant la nuit, il y a eu, paraît-il, une bonne secousse sismique. La quelque 1,700e depuis le 4 février. Je n'ai rien senti, ma chambre d'hôtel donnant sur la pétarade infernale des autobus et des motos sans silencieux de la 6e avenue.

Le ministère de l'Education me prête une jeep et un chauffeur pour aller faire un court voyage dans une des régions les plus dévastées, en compagnie de Wolfgang et de Ted. Allons d'abord à Chimaltenango. On a beau avoir vu tous les reportages télévisés, les photos les plus effrayantes, on est complètement sidéré par le spectacle de ces villes et de ces villages anéantis, de ces pauvres gens encore en train, après trois mois, de déblayer les ruines et de se construire des abris de fortune pour se protéger de la rude saison des pluies qui commence.

La population de Chimaltenango était d'environ 50,000 habitants. 5,000 d'entre eux ont été tués le 4 février, à trois heures du matin, et dans les jours terribles qui ont suivi la première grande secousse sismique...

Visite au centre régional de *Desarrollo de la Comunidad* où trône une magnifique machine à fabriquer des blocs de ciment. Jaune citron ! Un don du Fonds de secours au Guatemala de Jeunesse Canada Monde. Importée du Mexique tout près, cette machine semi-automatique peut fabriquer 1,200 blocs par jour, c'est-à-dire qu'en deux jours, on a assez de blocs pour construire une petite maison. Il en faudra des jours !

Par un chemin qui devrait être fermé pour cause d'impraticabilité, nous nous rendons de peine et de misère jusqu'au petit village de El Jordan, curieusement nommé puisqu'il n'y a pas l'ombre d'un cours d'eau dans les environs. Les femmes vont chercher l'eau assez loin en dehors du village, dans des cruches de terre cuite qu'elles portent sur la tête, avec une grâce inouïe. Village, hélas ! bien typique des villages guatémaltèques de la partie sinistrée du pays ! Une vingtaine de familles dont les maisons ont été rasées au sol. On habite encore des abris de bambou et de paille en attendant que les maisons en construction soient terminées. Déjà, trois ou quatre dressent dans le ciel très bleu leurs frêles squelettes, presque pitoyables. La charpente : de jeunes troncs d'arbre, un peu tordus, arrachés aux forêts clairsemées des alentours... Le plancher de la pièce unique, en terre battue, est d'environ dix pieds par vingt pieds. Dans ce qui serait, au Canada, une modeste remise à outils, logera une famille de cinq ou six. Un vieil Indien, responsable des travaux de reconstruction, nous montre, fier, le toit de tôle ondulé, seul matériau qu'il a dû acheter au prix de $45. Les murs seront faits de briques rudimentaires mais plus résistantes que les briques d'*adobe* qui ont enseveli des dizaines de milliers de Guatémaltèques dans la nuit du 4 février. Formule mise au point en Colombie, de même que le petit appareil manuel qui peut produire sept cents briques par jour... quand on travaille très fort et qu'on ne perd pas trop de temps à manger, ce qui est bien le cas de ces pauvres parmi les pauvres. L'Indien nous explique la formule : trois parties de terre tamisée, deux parties de sable et *une* partie de ciment... Il est content de nous montrer le petit appareil donné par Jeunesse Canada Monde avec quatre-vingt autres, distribués dans les villages sinistrés.

Peu de Fonds de secours au Guatemala ont été mieux administrés que celui de Jeunesse Canada Monde. Chaque *quetzal* dépensé l'a été d'un commun accord par les experts de *Desarrollo de la Comunidad* et les responsables de Jeunesse Canada Monde, les deux organismes s'assurant que l'équipement ou les matériaux, achetés au meilleur prix possible, soient immédiatement acheminés vers les villages qui en avaient le plus grand besoin.

Il est midi. Sous un abri de chaume ouvert aux quatre vents, une vieille prépare le repas familial. Elle nous invite à le partager. Comment accepter même une des galettes de maïs qui constituent l'essentiel des repas, jour après jour ? Discrètement, j'examine la cuisine pour voir si on ne mangera pas aussi autre chose. Sur une pierre attendent deux petits piments verts, pour un peu relever le goût des galettes. Je me renseigne auprès de Wolfgang. Mais enfin, il y a bien ce petit cochon noir, très maigre il est vrai, qui fouille désespérément la terre en quête d'un brin de nourriture que les hommes n'auraient pas vu ? Ils en mangent des fois du cochon ? Jamais ! C'est pour vendre au marché de Chimaltenango... Et les quelques poules naines qui courent partout ? On vendra les oeufs au marché... Et ce bananier aux fruits rachitiques ? On vendra les bananes au marché afin de payer les tôles ondulées... Pour faire les versements de $2 par mois, il faudra en vendre des œufs et des bananes ! Le tiers des hommes de la terre souffrent de la faim. J'en ai personnellement connu quelques-uns à El Jordan...

Ce soir, à l'occasion du prochain départ de nos participants, souper chez la Licenciada Josefina Antillon Milla, vice-ministre de l'Education. La maison déborde de garçons cravatés, de filles en costume national, tous le teint brun, même ceux de Calgary, de Granby, de Vancouver, de Montréal et de Terre-Neuve. Magnifique, ces participants, pas peu fiers d'avoir survécu à l'épreuve du tremblement de terre, d'avoir un peu connu la faim, la soif, le froid, avec des centaines de milliers de Guatémaltèques, d'avoir secouru ceux qui étaient encore plus désespérés qu'eux. Une participante canadienne aux longs cheveux d'or me présente un jeune Guatémaltèque, Luiz Alfredo Donis : « Tiens ! Quand la maison s'est écroulée sur notre groupe endormi, c'est lui qui nous a arrachés aux décombres... Quelques participants lui doivent probablement la vie... » Chose certaine, on sent qu'il existe des liens très forts entre ces jeunes Canadiens et ces jeunes Guatémaltèques, forts au point qu'ils devraient durer toujours...

Madame le vice-ministre n'a pas oublié d'inviter ces messieurs de l'ambassade du Canada, de même que Marcel Beauchemin, directeur régional de l'ACDI pour l'Amérique latine (Section ONG), de passage au Guatemala... Et, bien sûr, notre ami Hector Napoleon Alfaro, directeur de *Desarrollo de la Comunidad,* avec qui Jeunesse Canada Monde a vécu les semaines et les mois tragiques du Guatemala.

En fin de soirée, projection d'une cinquantaine de diapositives rappelant les grands moments du programme de l'année.

Chaque diapositive est accueillie par des cris de joie, ou, parfois, par un silence très lourd... « Ah ! la visite à Vancouver ! Tu te souviens ? » « Le fameux projet d'irrigation... On en avait sué un coup ! » « Et voilà notre Newfie qui fait le beau devant les filles du village ! » « Aïe ! Dorval, déjà ! » « Robin peut bien rigoler... c'était la veille du *terremoto* ! » « Voilà Claude Labelle et Ana Cristina à Joyalbaj... Travaillaient pas fort au développement ce jour-là ! » « Ah ! les tentes... quand il n'y avait plus de maison ! » Huit mois de joies et d'épreuves vécues par cinquante garçons et filles du Guatemala et du Canada se déroulent sous nos yeux dans une débauche de paysages merveilleux, de fleurs éclatantes, de forêts enneigées parfois, et de figures souriantes toujours, presque...

Soirée bien stimulante. Ça vaut au moins d'offrir à la charmante vice-ministre une petite sculpture esquimaude... qui a déjà fait le tour du monde dans mes bagages en attendant une occasion comme celle-ci...

* * *

Bon ! Voilà que s'achève cette longue, interminable lettre. Elle aurait pu être plus longue encore ! J'en ai oublié par millions des choses passionnantes à raconter ! Il s'en passe tous les jours... C'est pas une lettre, c'est un livre que j'aurais pu écrire ! Une brique dans les mille pages, par là, illustrée de dix mille photos !

Une bien belle lettre quand même, que je me disais la relisant une dernière fois pour corriger les fautes — seulement les plus énormes — avant de te l'envoyer... Une bien belle lettre. Pas à cause de mes mots à moi ! Ils sont ordinaires, mes mots à moi. A cause des mots des jeunes qui ont parlé tout le long de ces pages, de leurs témoignages spontanés, sincères, enthousiastes, de leurs cris de vivants...

En écoutant les nouvelles à la radio, à la télévision, en lisant les journaux, on finit par croire que tout est définitivement pourri dans le monde, que les hommes sont des bêtes méchantes, les gouvernants tous corrompus, les capitalistes assoiffés de

sang, les communistes autant que les autres, les aliments empoisonnés, l'air pollué, le monde au bord de fin du monde...
Ah ! Il y a du vrai, là-dedans ! Je sais bien, tu sais bien, cher
Jean. Mais il y a aussi des choses bonnes et belles qui se passent sur la terre... *On n'en parle jamais !* La vraie bonne nouvelle c'est que de plus en plus de jeunes comprennent que le
monde tel qu'il est actuellement ne peut pas durer. Ils veulent
le changer. Avant qu'il ne soit trop tard !

Ah ! c'est ça le mot qui m'a le plus frappé dans mes bara-
tins avec les participants rencontrés au hasard des quatre années de Jeunesse Canada Monde : *changer !* Tous, chacun dans
leur langue, m'ont dit : « J'ai *changé*... Je ne serai plus jamais
le même... Depuis le Guatemala, depuis Terre-Neuve, depuis
le Sri-Lanka, depuis le Lac Saint-Jean, depuis la Malaysia, depuis Penticton, C.-B., j'ai *changé*... Maintenant, je sais qu'on
peut changer le monde ! »

En toute amitié,
Jacques

P.S. Et n'oublie pas de m'envoyer une carte postale !

Annexes

I

Membres du Conseil d'administration de Jeunesse Canada Monde

Dr. Michael Oliver
Président du Conseil d'Administration

- B.B. ; M.A. (sc. polit.) ; Ph.D. (sc. polit.)
- Président de Carleton University
- Assistant-principal (Affaires académiques) de l'Université McGill (1966-1972)
- Directeur de la recherche pour la Commission royale d'enquête sur le bilinguisme et le biculturalisme (1963-1971)
- Membre du Comité exécutif international pour la documentation sur les sciences sociales
- Président du W.U.S.C. (World University Services of Canada)
- Président de l'Association des universités et collèges canadiens

M. Rhéal Bérubé
Vice-président

- B.A. : B.Ed. ; M.Ed.
- Directeur du service d'éducation permanente de l'Université de Moncton
- Professeur agrégé

- Président de l'Association canadienne des dirigeants d'éducation des adultes des universités de langue française
- Vice-président de Canadian Association for University Continuing Education.

Mlle Raynell Andreychuck
Vice-présidente

- B.A. ; LL.B.
- Présidente du Conseil national des Y.M.C.A. du Canada
- Présidente du Conseil consultatif national du gouvernement fédéral sur le volontariat
- Membre de l'Association du Barreau canadien
- Membre de la Fédération canadienne des femmes universitaires
- Membre du groupe de travail des Gouverneurs de l'université de Régina.

M. William Dodge
Vice-président

- B.A. (Econ.) Sir George Williams University
- Ancien secrétaire-trésorier du Conseil Canadien du Travail
- Directeur de l'Hydro-Ontario
- Directeur de la Banque du Canada
- Omburdman du Conseil Canadien du Travail
- Membre du Comité exécutif du C.D. Howe Research Institute
- Membre du Comité canadien de politique économique
- Membre du Canadian-American Committee
- Membre du British-North American Committee
- Officier de l'Ordre du Canada

M. Jean Fortier
Trésorier

- B.Sc. (math.) ; Ph.D. (math.)

- Vice-président du Conseil de la radio-télévision et des télé-communications canadiennes
- Professeur à l'Université Laval (1974-1976)
- Président de la Société de mathématiques appliquées (S.M.A.) (1969-1972)
- Aviseur de l'Association canadienne de sciences statistiques
- Membre du Conseil consultatif du Centre de recherches mathématiques.

M. Harold Baker

- B.S.A. ; M.Sc. ; Ph.D. (Sc.)
- Professeur à l'Université de Saskatchewan
- Directeur du Extended Division University of Saskatchewan (1963-1973)
- Membre du Conseil canadien sur le développement rural
- Représentant pour l'éducation permanente auprès de la Commission canadienne de l'UNESCO
- Président du Comité consultatif sur le transport du gouvernement de la Saskatchewan
- Président du Community Planning Association of Canada (1965-1967).

M. David Bartlett

- B.A. ; M.A. (London School of Economics)
- Secrétaire général de la Commission canadienne de l'U-NESCO
- Officier exécutif responsable auprès du sous-ministre du Nord et des ressources nationales (1959-1964)
- Chef du service de la coopération technique, administration du Plan Colombo au Canada (1952-1959).

M. Paul Becker

- B.A.
- Conseiller spécial auprès du sous-ministre du Bien-Etre social et de la santé nationale.

Mlle Michèle Brouillet
- LL.L
- Étudiante
- Assistante-coordonnatrice à JCM (Mexique 1973-1974)
- Assistante-coordonnatrice au Bureau régional JCM du Québec (1974-1975).

M.G. Allan Burton
- D.S.O. ; E.D. ; LL.D. (York)
- Président de Simpsons Limited
- Directeur de la Banque Royale du Canada, de Bell Canada, de Simpson-Sears Limited, de Allstate Insurance Company of Canada, de Standard Broadcasting Corporation Ltd. et de CFRB Limited
- Administrateur du Hospital for Sick Children, Toronto
- Président du Comité consultatif du School of Business Administration, University of Western Ontario
- Membre du Conseil consultatif pour le statut de la femme (Ministère de la santé et des affaires sociales).

M. R. Louis Desmarais
- B.Comm. ; C.A.
- Président du Conseil du Canada Steamship Lines Limited (1975)
- Président délégué du Conseil d'administration et administrateur de Power Corporation of Canada Limited
- Vice-président du Conseil et administrateur : Corporation du développement du Canada
- Administrateur de Canadian Home Assurance Company, Texasgulf Inc., Great Lakes Development Association
- Membre : Lloyd's Register of Shipping ; administration du Port de Montréal.

M.C.G. Gifford

- D.F.C. : B.A. ; M.S.W.
- Directeur du Maritimes School of Social Work de l'Université de Dalhousie
- Ancien Directeur du School of Social Work de l'Université du Manitoba
- Ancien président de l'association canadienne des écoles de travail social.

M. Donald H. McDougall

- B.A. ; LL.S. ; LL.M.
- Pratique le droit à Halifax dans l'étude Stewart, McKeen and Covert
- Membre du Conseil de la radiodiffusion et des télécommunications canadiennes
- Membre du Comité exécutif et du Conseil d'administration des jeux d'été canadiens de 1969
- Directeur de Nova Scotia Textiles Ltd
- Professeur invité de droit commercial, Nova Scotia Technical College (1971)
- Vice-président du Canadian Lawn Tennis Association
- Directeur du Théâtre Neptune (1974-1976).

M. William L.S. O'Brien

- B. Comm.
- Courtier de bourse
- Administrateur de Crown Trust Co., de Canafund Management, S.A. et de Secfin, Ltd.
- Ancien gouverneur et membre du comité exécutif de la Bourse de Montréal
- Administrateur de la Société pour les enfants infirmes du Québec
- Administrateur et membre du comité exécutif (Section

Québec) de l'Association canadienne pour les déficients mentaux
— Ancien président du Club St-Denis.

Mme Marie Resanovic
— B.A. (Université de Bordeaux, France)
— Travailleuse sociale

Mlle Sylvia Van Brabant
— Étudiante
— Agent de groupe à JCM (1972-1973)
— Assistante régionale (bureau des Prairies, 1973-1975).

M. Jacques Hébert
Président
— L.S.C. (Sc. Com.)
— Membre du Conseil de la radio-télévision et des télécommunications canadiennes
— Président-directeur général des Editions du Jour (1961-1974)
— Président de la Ligue des droits de l'homme (1968-1972)
— Président de l'Association des éditeurs canadiens (1965-1974)
— Membre du conseil d'administration de la Canadian Civil Liberties Association
— Membre du conseil du Bureau Canadien de l'éducation internationale.
— Membre du Conseil d'administration de l'Institut Nord-Sud

M. Pierre Dionne
Directeur Général
— B.Péd.
— Membre du Conseil d'administration du Conseil du civisme de Montréal

- Membre du conseil national de l'Association des Scouts du Canada (1965-1975)
- Membre du conseil d'administration de société d'accueil du Festival international de la jeunesse francophone.

N.B. :

Ont également été membres du Conseil d'administration dans le passé : Bernard Alexander (Ottawa), Pierre Bourdon (Montréal), Maurice Champagne (Montréal), Pierre Dansereau (Montréal), Gaétan Daoust (Montréal), Léon Dion (Québec), Honorable Juge Guy Guérin (Montréal), John W. Holmes (Toronto), Gertrude Laing (Calgary), William Neville (Ottawa), R.C. Pratt (Toronto), Michel Rousseau (Montréal), Frank Scott (Montréal), Docteur Gordon Thomas (St Anthony, Terre-Neuve), Lyvia Thur (Sherbrooke).

II

Jeunesse Canada Monde

CONSEIL D'ADMINISTRATION
PRÉSIDENT
Jacques Hébert

DIRECTEUR GÉNÉRAL
Pierre Dionne

DIRECTEUR GÉNÉRAL ADJOINT
(PROGRAMME)
Ian Elliott

ADJOINT
Phyllis McRae

SÉLECTION
Micheline Charbonneau

INFORMATION
Gilles Latour

TRADUCTION
Nadia Zadorozny

DIRECTEUR GÉNÉRAL ADJOINT
(ADMINISTRATION)
Gilles Boudreau

CONTRÔLEUR
Michel Payette

183

BUREAUX RÉGIONAUX

ATLANTIQUE
1652 Barrington
3ème étage
Halifax, N.E.
B3J 2A2
Tél. : (902) 422-1782
Patrick Flanagan
Coordonnateur

QUEBEC
Jeunesse Canada Monde
Ave Pierre Dupuy
Cité du Havre, Montréal
H3C 3R4
Tél. : (514) 861-9684
Jean-Marc Eustache
Coordonnateur

ONTARIO
627 Davenport Road
Toronto, Ontario
M5R 1L2
Tél. : (416) 922-0776
Kathy Whalen
Coordonnatrice

PRAIRIES
10250, 121ème rue
Edmonton, Alberta
Tél. : (403) 488-2218
Linda Rasmussen
Coordonnatrice

COLOMBIE-BRITANNIQUE
2524 Cypress
Vancouver, C.B.
V6J 3N2
Tél. : (604) 732-5113
Gerald Holdrinet
Coordonnateur

SECRÉTARIAT JCM
Cité du Havre
Montréal, Qué.
H3C 3R4
Tél. : (514) 861-9731

TABLE DES MATIERES

*Achevé d'imprimer à Montréal par Les Presses Elite,
pour le compte des Éditions Fides,
le vingt-cinquième jour du mois d'octobre de l'an
mil neuf cent soixante-seize.*

Dépôt légal — 4e trimestre 1976
Bibliothèque nationale du Québec